Les Contes du Griot

DU MÊME AUTEUR

Poésie

Chants de brumes, Éd. Dricot. Préface de Jacques Izoard. Prix Paul Verlaine de l'Académie française.

La Somme du néant, Éd. L'Harmattan. Préface de Pierrette Micheloud. Prix Louise Labé.

L'Exil des songes, Éd. L'Harmattan. Préface de Marc Alyn. Prix de l'Académie française.

Les Myriades des temps vécus, Éd. L'Harmattan. Préface de Mario Luzi. Prix Théophile Gautier de l'Académie française.

Les Vents de l'épreuve, Éd. L'Harmattan. Préface de Salah Stétié.

Quand dans l'âme, les mers s'agitent, recueil inédit inséré dans « *Kama Kamanda, Poète de l'exil* » par Pierrette Sartin, Éd. L'Harmattan.

Contes

Les Contes du griot (Tome I), Éd. Présence Africaine. Préface de Léopold Sedar Senghor.

Les Contes des Veillées africaines, Éd. L'Harmattan. Préface de Pierre Béarn.

La Nuit des griots (*Contes du griot,* Tome II), Éd. L'Harmattan. Notice de Jean Laugier. Grand Prix littéraire de l'Afrique noire.

Récit

Lointaines sont les rives du destin, Éd. L'Harmattan.

KAMA KAMANDA

Les Contes du Griot

PRÉFACE
DE
L.S. SENGHOR

PRÉSENCE AFRICAINE
25 bis, rue des Écoles, 75005 Paris
64, rue Carnot, Dakar

ISBN 2-7087-0600-4

Je dédie cet ouvrage à
KAMENGA Malaba, mon père, et
NGALULA Kony, ma mère.

PRÉFACE

L'année 1987 était, pour Kama Kamanda, mais aussi pour son pays, le Zaïre, une année faste. C'était, en effet, la première fois que l'Académie française couronnait un Zaïrois en la personne du poète. Rien d'étonnant si le poète zaïrois publie, en cette année, un recueil intitulé Les Contes du griot.

J'ai noté, en son temps, ce jugement de Lafaye : « Le conte *est vulgaire, ainsi que le mot qui l'exprime, il ne nous vient pas comme la* fable, *des Grecs et des Romains, mais de l'Asie. » En vérité, le conte vient du continent africain avec la première civilisation humaine digne de ce nom. Et il est vrai qu'il procède essentiellement de la littérature orale, comme la poésie au demeurant, tandis que la fable, elle, est le fait de la littérature écrite parce que de la raison discursive. Celle-ci veut instruire tandis que le conte envoûte en enchantant, au sens étymologique du mot.*

Voilà qui explique pourquoi, quand nous avons lancé le mouvement de la Négritude dans les années 1930, certains, et pas des moindres, écrivaient — j'allais dire chantaient — *des contes quand d'autres, comme Césaire, Rabemananjara et moi, écrivaient des poèmes. Je pense surtout à Birago Diop et à ses trois recueils de contes, mais aussi à Léon Damas et à ses* Veillées noires.

Il reste que Kama Kamanda apporte du nouveau. Sans doute parce qu'il est bantou et qu'il puise aux sources. Cela dit, il ne s'enferme pas, pour autant, dans son Afrique équatoriale. Il plonge dans ses forêts, ses fleuves et rivières, ses lacs, mais c'est pour voyager et s'ouvrir aux charmes de l'Asie, singulièrement du monde arabe, sans oublier, pour autant, le monde jaune, « couleur de safran ».

Oui, le conte n'est pas la fable. Il ne part pas des réalités concrètes, rationnelles de notre monde d'aujourd'hui pour nous donner des leçons de conduite modernes, pour ne pas dire rentables. Le conte, comme j'ai eu l'occasion de l'écrire ailleurs, le conte africain est resté près de ses sources populaires, poétiques. Or donc, dans les temps très anciens, il participait de la poésie et du théâtre en même temps. Plus précisément, comme nous l'ont appris les chercheurs de l'Université de Dakar, le conte était psalmodié sur un ton haut, avec des parties chantées quand d'autres étaient dansées. Au demeurant, dans les veillées noires de mon Royaume d'Enfance, *à Djilor, j'ai vécu un peu cette vie poétique du conte africain.*

C'est le monde magique du surréel : celui des miracles, mais aussi des catastrophes. Le monde des fées, mais, le plus souvent, celui des ogres, des sorciers et autres « djinés », comme nous disons au Sénégal. Cependant, dans les Contes du griot *que voici, Kama Kamanda sait être moderne. Il écrit en français et il a assimilé, en même temps, le Moyen Age chrétien comme les humanités classiques, mais encore le Proche-Orient et le monde islamique. C'est ainsi que la Sirène de « Génie du Lac » a des « cheveux d'or » et des « lèvres vermeilles ».*

Cette symbiose se retrouve, au-delà des faits, dans l'intrigue même du conte et la leçon, *pour ne pas dire la morale, qui s'en dégage. Dans* Les Contes du griot, *la famille reste le centre même de la vie communautaire et l'amour devient, plus que dans les contes traditionnels des veillées noires, celui de la vie communielle. Et Kama Kamanda y met l'accent sur la beauté. Sur l'objet d'art nègre, bien sûr, mais encore sur le chant ! Ce n'est pas hasard si la polyphonie, comme le plain-chant, a ses origines en Afrique.*

Il reste que ce qui frappe le lecteur, et dès les premiers contes, c'est, outre la maîtrise de la langue française, l'art du conteur parce que du poète. Nous l'avons vu dans la prépondérance donnée à la beauté et à l'amour. Mais nous n'aurons pas été insensibles aux images analogiques qui striquent chaque conte, sans oublier les répétitions dramatiques qui rythment la plupart des récits. Voici donc quelques métaphores et comparaisons parmi les plus caractéristiques :

« Les arbres ressemblaient à des termitières géantes envahies par la poussière du temps. »

« Le pays semblait gorgé de soleil comme une mangue mûre. »

« La dentelle de ses fenêtres. »

« L'air tiède ondoyant sous la main du vent. »

« La nouvelle se répandit bien vite, tel un feu de brousse. »

*Ce qui fait la saveur de ces images, c'est leur nouveauté. C'est, en même temps, leur identification créatrice, poétique. J'aurai garde de ne pas oublier la mélodie de ces images analogiques. Je n'en retiendrai que les deux que voici, où je souligne les assonances, c'est-à-dire la mélodie : « Le pays sem*blait *gorgé de so*leil » *et « la* *den*telle *de ses fe*nêtres ». *On l'aura remarqué, les voyelles des syllabes accentuées sont, ici et là, des syllabes de e sonores.*

*Je conclurai sur l'Africanité ou, plus exactement, l'*Africanitude. *En effet, biologiquement et culturellement, l'Afrique est une malgré, au Nord, les apports biologiques des Germains et les influences culturelles des Arabes, pour ne pas parler des Grecs ni des Romains. Si ces civilisations ont enrichi l'Africanitude, elles n'ont pas détruit l'essentiel : la sensibilité poétique, encore une fois créatrice, des Africains, qu'ils soient Arabo-Berbères ou Négro-Africains. C'est ce que prouvent les deux livres de contes que je viens de préfacer : d'Aherdan, le Marocain, et de Kamanda, le Zaïrois.*

Léopold Sédar SENGHOR,
de l'Académie française

AVANT-PROPOS

Les Contes du griot... Ou les Contes de la Nuit de l'Initiation... Initiation à l'âme d'un continent millénaire et pourtant méconnu : l'Afrique. Une Afrique Noire ici éclairée par le nimbe diffus de ses mânes ancestrales ; par la magie négro-africaine, dont le souffle régulier et étrange intrigue et envoûte le lecteur. Il se laissera doucement guider vers l'émerveillement, s'assiéra autour du feu crépitant dans les ténèbres, écoutera ces conteurs et ces sorciers sortis d'une réalité oubliée.

Il est maintenant appelé à découvrir, à partager ce que seuls les griots content et que mon oreille indiscrète a capté dans la pénombre. Et voici que, récit après récit, s'orchestre un univers de fantasmagorie et de naïveté perverses.

Les Contes du griot sont originaux dans la mesure où, bien que forgés par mes souvenirs d'enfance, ils sont surtout le fruit de l'imagination d'un jeune auditeur passionné, initié aux veillées d'antan. En effet, ces veillées visaient aussi à former les jeunes gens à l'art de conter, car savoir conter est un privilège au sein d'une civilisation orale séculaire.

Aussi me suis-je résolu à apporter par la présente

œuvre le témoignage de ce véritable enseignement : bien qu'inspirée par la tradition, celle-ci est avant tout imaginaire, en accord donc, avec cette faculté perpétuelle de création poétique inculquée par mes aïeux. Avant de se définir comme produit d'une collecte de motifs ethniques déchiffrables, elle est d'abord l'expression de ma fidélité à la conscience africaine. Car de mon initiation, j'ai conservé l'attachement aux mythes et croyances de cette Afrique profonde. C'est pourquoi l'ensemble de cet écrit est, outre un témoignage culturel, une approche à la fois mystique et sociale de l'Afrique Noire.

Puisse le lecteur en déceler tous les apports.

Je me suis engagé à dire les contes tels qu'ils se disent lors des veillées nocturnes, unissant mon âme de griot à celle de l'Afrique mystérieuse, pénétrant dans l'intimité des croyances populaires pour y puiser mon inspiration.

Mais pourquoi, pour qui, écrire des contes en ce siècle dominé par la machine, la technologie, l'informatique, bref par la science *stricto sensu ?* Reste-t-il des lecteurs pour ce genre de production poétique, peut-être périmée ? Cette question a émergé de mon océan d'enthousiasme avant, pendant et après la rédaction de cet ouvrage. Aussi me suis-je résolu à y répondre.

Certes, nous appartenons à une génération où seul le réalisme permet de survivre. Mais il n'est pas moins certain que l'Homme a un besoin vital de rêve et d'idéal. C'est pourquoi nous aurons toujours envie de “ contes ”, quelle que soit l'apparence qu'ils revêtent et donc leur facture littéraire.

Selon moi, le conte est le réceptacle de nos rêves, la traduction de nos aspirations ; il entretient en nous le sens du merveilleux, de l'aventure, de la bravoure. A l'enfance, la magie du conte offre le moyen originel et original de percevoir son propre univers où vivre et survivre, de construire ses modèles, et surtout, de bâtir sa conception de l'existence et de l'amour. Le conte est indispensable à l'évolution sociale et spirituelle de l'homme. Il cultive nos goûts, fixe les contours de nos valeurs morales, religieuses et sociales et structure celles-ci. Il est l'un des maillons d'une chaîne d'expériences, le début d'une maturation empirique qui permet à l'esprit humain de distinguer le vrai du faux, le juste de l'injuste et le bon du mauvais. Comme la poésie, le conte nous entraîne à la découverte du beau et à la poursuite du meilleur.

D'autre part, le conte n'est-il pas aussi un moyen primordial de rencontre entre générations ? Ne permet-il pas de nouer un premier contact oral avec les plus petits ? En outre, dire des contes à ses enfants demeure encore aujourd'hui une marque d'attention et d'affection très profondément ressentie. Enfin, en émoustillant leur capacité d'imagination, le conte deviendra aussi une abondante source de créativité.

Mon dernier mot sera celui de la fierté naïve, fierté d'être aujourd'hui griot africain : les contes ne proposent-ils pas un nouvel humanisme ? Si Hans Christian Andersen, Charles Perrault ou les Frères Grimm étaient les garants de la conscience d'une communauté spécifique, si leurs œuvres se référaient à toute une civilisation, je voudrais pour ma part, avec *les Contes du Griot,* apporter le témoignage modeste et chaleureux de mon humanisme négro-africain.

Kama KAMANDA

Le guerrier d'ébène

Comme il faisait beau ! Le jour venait à peine de se lever et le soleil était d'aplomb ; c'était en pleine saison des pluies. Le ciel était jaune, comme les fleurs d'hibiscus, transparent comme l'eau la plus limpide ; on imagine qu'il suffirait de monter un peu plus haut, pour voir les étoiles derrière. Partout sillonnait une brise douce et légère. Dans le bois tout proche, on entendait chanter les oiseaux. Il faisait un temps merveilleux.

En cette belle journée, une petite fille qui, en réalité, était une princesse, songea à aller capturer les papillons dans les jardins royaux. Munie de son immense filet de chasse, elle partit se promener dans les allées. Subitement, une étincelle rose et jaune virevolta sur ses cheveux... Elle reconnut alors un papillon extrêmement précieux. Elle l'avait souvent admiré dans les images qui ornaient les tapisseries de sa chambre. Elle décida de l'attraper et le pourchassa à grands coups de filet. L'insecte s'envola aussitôt et se mit à danser dans le ciel, tout en s'éloignant de plus en plus du palais. Longtemps, elle le suivit, joyeuse, mais surprise, s'arrêta brusquement...

En effet, à quelques pas débutait un univers

interdit, fait d'ombre, de peur et de chaleur humide... Devant elle se dressait la jungle et ses crissements mystérieux. La jeune enfant recula, incertaine ; le papillon, superbe, hésitait, suspendu dans son vol, comme une invitation au voyage. Oubliant la prudence qui lui dictait de rentrer chez elle, la fillette se lança à nouveau à la poursuite de l'insecte. Soudain, celui-ci disparut. La jolie princesse regarda alors le lieu où elle se trouvait. La forêt était belle et hautaine. L'oppression désagréable qu'elle avait ressentie avant d'y entrer s'était évaporée telle une goutte d'eau au soleil. La lumière pénétrait entre les grands arbres, et le soleil jouait dans les branches des palétuviers, les colorant des plus beaux roux de la création. D'autres arbres se paraient d'émeraude et scintillaient...

La petite fille décida de s'enfoncer davantage dans ce royaume féerique. Elle écarta les feuillages et marcha sur un tapis de fleurs immaculées, respirant avec extase des senteurs enivrantes. Peu à peu, cependant, l'espace se rétrécit autour d'elle et des branches griffues lacérèrent son visage et ses bras, déchirant ses vêtements, les mettant en lambeaux. Elle commença à s'inquiéter : l'obscurité tombait. Mille yeux clignotèrent alors dans la nuit. Les cris des rapaces nocturnes chassant les souris s'élevaient de part et d'autre.

La clameur des fauves retentit et la petite se mit à pleurer. A cet instant éclata un formidable orage. L'enfant fut trempée par la pluie ; les grands arbres tendaient leurs bras crochus vers elle pour l'étouffer. Elle ferma les yeux, leva les bras au ciel et perçut alors une immense détonation... La foudre s'était abattue sur un arbre gigantesque qui, sous le choc, s'était déraciné et effondré. Etourdie par le bruit, la fillette secoua la tête, se releva et se dirigea vers le géant. Alors qu'elle le touchait de la main, elle sentit frémir son écorce et le vit s'étirer comme s'il émergeait d'un très long sommeil. L'arbre qui avait une stature humaine, avec un tronc et des branches qui évoquaient le corps, les bras et les jambes d'un homme, s'assit en secouant ses feuilles, se gratta de la pointe d'une de ses branches, bâilla et dit à l'enfant ébahie :

— Bonjour, belle enfant, je suis le génie de la forêt, présent dans tout arbre, dans tout buisson et dans la moindre fleur. La foudre vient de réveiller en moi l'âme de bois qui m'animait depuis toujours, mais dont la sève s'était glacée... Le grand choc m'a tiré de mon profond engourdissement. Tu es ma première rencontre de cette lunaison. Dorénavant, je te protégerai...

Rassurée, la petite princesse se blottit entre ses branches qui se refermèrent autour d'elle, lui offrant un abri de feuillage et de bois. Elle s'endormit aussitôt, réconfortée en pensant à son protecteur. Le lendemain matin, elle s'éveilla doucement, en se détendant comme un jeune chat. Les souvenirs de la veille jaillirent dans son esprit et de grosses larmes lui vinrent spontanément aux yeux. Elle pensa qu'elle allait mourir de faim, quand l'arbre lui dit, se penchant vers elle :

— Bonjour, petite, as-tu bien dormi ? Je t'ai cueilli ces fruits bien mûrs pour que tu puisses manger, puis nous nous mettrons en route. Je te ramène chez tes parents.

La jolie princesse les accepta avec reconnaissance et se gorgea de leur nectar et de leur pulpe délicieuse. Elle remercia ensuite le génie et le suivit en se tenant à ses branches. Après avoir marché toute la journée, ils furent bientôt en vue du palais royal. Celui-ci était encore éclairé. De toutes parts, les serviteurs faisaient une battue aux flambeaux dans l'espoir de retrouver la chère disparue. Les torches illuminaient la nuit par centaines et le cœur de la princesse s'émut. Elle serra davantage l'arbre qui ressentit toute son émotion. Ils s'approchèrent tous deux des hommes, et l'enfant put bientôt se précipiter dans les bras de ses parents. Elle leur raconta sa mésaventure en n'oubliant pas de leur présenter son sauveur. Quel ne fut pas leur étonnement de constater que non seulement l'arbre vivait, mais encore qu'il pensait et parlait...

Des années durant, la princesse et le génie de la forêt se virent et se promenèrent dans la nature. Il naquit entre eux un véritable amour. Mais ils pleuraient si souvent d'être tellement différents qu'ils décidèrent d'aller trouver un guérisseur :

— Je ne puis guérir votre passion, dit le vieillard, mais je peux, en revanche, rapprocher vos deux natures. En effet, et il s'adressa à l'arbre, je peux te donner une apparence humaine. Mais tu vas devoir souffrir, sacrifier ta frondaison, ton écorce et une partie de tes membres feuillus... Tu vas pleurer des larmes de sève : je sculpterai dans ta chair d'ébène un corps d'athlète, un corps de grand guerrier. Mais au bout de la douleur sera la joie d'aimer...

Le génie accepta l'épreuve et s'allongea sur le sol. Le sculpteur, saisissant son marteau et son burin, entreprit de tailler son visage. La sève se mit à couler comme un flot de sang. Chaque coup lui arrachait un long gémissement.

Des jours et des nuits passèrent, durant lesquels l'œuvre de l'artiste se poursuivit.

Puis le bruit du marteau cessa enfin et la porte de l'atelier s'ouvrit sur un guerrier d'ébène, aux yeux vifs et à la musculature impressionnante. Il était superbe et d'une grande beauté. La jeune fille se tut, émerveillée par l'apparition du prince des bois, puis se précipita dans ses bras. Ils s'embrassèrent avec fougue et s'éloignèrent, toujours enlacés.

Ils furent heureux les premiers temps puis s'attristèrent... Car s'ils s'aimaient, ils n'étaient cependant pas faits du même bois... Le mariage de la chair et du bois étant impossible, ils décidèrent alors de se rejoindre à tout jamais. Ils attendirent impatiemment la nuit d'orage...

Dès les premiers éclairs, ils sortirent dans le jardin, se tenant par la main et s'unirent dans un baiser sincère, sous un ciel strié d'or.

La foudre éclata et les frappa, les unissant dans un long frisson, réduisant leurs corps en cendres. Depuis, cendres et âmes confondues, ils s'aiment du plus grand amour qui soit, au pays de l'envers du monde.

La belle et le revenant

Il y a bien longtemps vivait, dans un pays noyé de soleil, une princesse très belle et très capricieuse. Elle désirait plus que tout au monde épouser un homme parfait.

Le roi, son père, fit défiler tous les prétendants libres. Cependant, ce n'était pas aussi facile qu'on l'aurait cru. Certes, les soupirants étaient nombreux. Malheureusement, ils étaient tour à tour refusés. Quelque chose laissait toujours à désirer. Un matin, un orphelin las de solitude se présenta également. Il était charmant, mais la demoiselle hautaine déclina ses avances.

Néanmoins, celui-ci conserva bon espoir. Il rentra chez lui en se disant qu'un jour elle changerait d'avis. Il n'y avait plus un seul candidat possible qui ne se fût présenté au palais royal.

Un soir, ayant appris l'histoire de la belle prétentieuse, un mort résolut d'aller tenter sa chance. Il ne lui restait plus que son squelette. Il décida alors d'emprunter ce qui lui manquait à ceux qui venaient à mourir. A chacun, il demanda ce qu'il avait de meilleur de son vivant. Il obtint de la sorte le plus beau visage de l'histoire humaine, le corps le plus merveilleux, les dents les plus parfaites. Ainsi paré, il devint le plus élégant des êtres que l'on eût jamais vu.

Superbe et brillant, couvert d'or et de diamants, il se présenta dans le plus grand apparat devant la jeune fille. Celle-ci en tomba immédiatement amoureuse, éblouie par ses bonnes manières et les compliments qu'il lui adressait. Aussi l'accepta-t-elle comme fiancé. Leur alliance fut annoncée dans tout le pays et fit l'objet de nombreux préparatifs. Aux noces, le peuple fut convié.

L'orphelin, qui n'était pas parmi les invités d'honneur, se faufila à travers la foule et parvint jusque dans la salle du banquet. Celle-ci était remplie de personnalités de haut rang, richement parées, exhibant des soies de Chine, des satins et des brocarts d'Europe, des pagnes splendides teintés des plus belles couleurs, le tout rehaussé par l'éclat des gemmes... Des beautés blondes, venues des royaumes des neiges, côtoyaient de langoureuses négresses aux cheveux de jais soigneusement nattés et retenus par des rubans multicolores. Les danseuses sacrées entamèrent une danse du ventre très sensuelle, faisant onduler leurs voiles translucides couleur de soleil et de ciel... Au centre du cercle qu'elles formaient, ployait au rythme des madimbas [1], des ngomas [2], des mandolines et des tambourins, la plus ravissante et la plus exquise d'entre elles. Elle dansait de tout son corps. Les bracelets de ses bras rythmés vibraient comme des carillons ensor-

1. Madimba : xylophone africain.

2. Ngoma : sorte de grand tam-tam africain que le joueur attache avec une ceinture autour de ses hanches. La partie supérieure de la caisse en bois creux sculpté est constituée par une peau tendue sur laquelle on frappe de toute la force de ses deux paumes pour en tirer des sons.

celés, invitant les bons génies à la fête, afin d'apporter au jeune couple un bonheur ineffable.

Bientôt apparurent les époux, applaudis par la foule. La mariée était drapée dans un pagne de soie orné de rubis et d'émeraudes. Mais sa beauté était encore plus éclatante que la merveilleuse étoffe et dans ses yeux luisait la plus grande satisfaction. La noce dura trois jours et trois nuits, durant lesquels quantité de nourriture fut distribuée aux mendiants et aux vieillards. Le pays tout entier était en liesse. Sitôt la cérémonie achevée, le couple résolut de gagner le foyer conjugal. Au moment du départ, le palais engagea à leur service un bon nombre de gens de maison destinés à accomplir le voyage nuptial.

Déchiré à l'idée de se séparer de celle qu'il aimait, l'orphelin se fit désigner pour faire partie de la suite. Aussi prirent-ils la route ensemble.

Ils marchèrent longtemps et arrivèrent à une lune du royaume des morts. À ce moment, comme il se trouvait devant un marché aux esclaves, le prince décida de se défaire de tous ceux qui les accompagnaient. Il les vendit aux marchands. Désormais seul avec sa nouvelle compagne, il reprit le chemin de son inquiétante demeure. Intrigué par ce comportement anormal, l'orphelin, profitant d'un instant de distraction de son acheteur, s'enfuit et les suivit en secret.

Bien après, le couple rencontra un manant qui demanda au prince de lui rendre les bijoux qu'il lui avait empruntés. Sans mot dire, il s'exécuta, à la plus grande surprise de sa femme. Chemin faisant, un autre lui réclama ses vêtements, un autre encore vint revendiquer son beau visage, puis un quatrième son corps athlétique, ainsi de suite jusqu'à ce que seul subsistât son squelette... Horrifiée, sa jeune épouse levait les bras en s'interrogeant sur la faute qu'elle avait bien pu commettre pour s'attirer un tel sort. Elle s'arrachait les cheveux et se lacérait le visage en sanglotant, pendant que son infâme mari l'entraînait de force. Après que les époux eurent franchi le seuil de l'au-delà, le poursuivant vint à son tour se présenter devant le gardien de l'après-vie :

— Je voudrais, dit-il, me rendre au pays de la mort.

— Impossible, lui répondit le portier étonné. Nous n'acceptons pas les vivants. Sauf ceux qui viennent vendre leur mort pour vivre éternellement.

— Que se passe-t-il après leur passage chez vous ? questionna l'orphelin. Existe-t-il un moyen d'en repartir ?

— Bien sûr ! Il suffit de ne rien manger ni boire durant la première semaine chez nous. Avant ce délai, on peut récupérer sa dépouille et retourner auprès des vivants. Ce délai passé, le corps devient définitivement la propriété de son acheteur.

— Dans ce cas, renchérit le jeune homme, j'accepte de vendre ma mort.

Le cerbère lui ouvrit alors les grilles de l'autre monde et l'obligea à quitter son corps afin qu'il lui trouve un acquéreur. À cet instant précis apparut le roi d'un pays prodigieux. Il s'ennuyait et souhaitait vivement renaître. Il manifesta son intention d'acheter les restes du nouveau venu. Profitant de l'occasion, le commissionnaire conseilla :

— Vends donc ton corps à cet individu... Il sera dans de bonnes mains. Je crois qu'il ne te l'abîmera pas. En effet, si tu n'es pas heureux chez nous, tu pourras repartir. Mais une fois la septième nuit tombée, tu ne quitteras plus jamais notre empire. Ton âme s'échappera, et lui renaîtra.

Brave et déterminé, notre ami accepta le marché et

se coucha sur un lit de pétales de roses. Puis il sortit de son corps qu'il contempla d'en haut, très étonné. Celui-ci paraissait dormir, radieux et souriant. Son double, semblable à de la fumée, pouvait se déplacer à la vitesse des rayons solaires, traverser les murs et autres obstacles. Ainsi s'éloigna-t-il sans regret et partit à la recherche de la belle princesse.

Chemin faisant, il rencontra ses ancêtres et put enfin revoir ses parents. Ces derniers furent surpris de son arrivée ; ils ne l'attendaient pas de sitôt. Malgré cela, un accueil très chaleureux lui fut réservé. Convaincu qu'il venait se joindre à eux pour toujours, chacun des proches vint s'informer des personnes qu'il avait connues sur terre. On apporta à manger mais notre jeune homme refusa d'y toucher, sous peine de ne jamais plus retrouver la vie. Dès lors, il résolut d'informer sa famille de son véritable sort. La surprise était bien grande pour tous. Après une longue entrevue, il décida de quitter les siens afin de poursuivre son destin ; c'est alors que son grand-père l'appela à l'écart pour le rite sacré. Sans se faire prier, il s'assit sur une natte près d'une hutte où ses morts recevaient les offrandes de leurs vivants. Il s'abandonna alors aux gestes magiques de son grand-père. Ce dernier prononça des paroles incantatoires, aspergeant simultanément son petit-fils d'une eau prodigieuse qu'il puisait dans une étrange calebasse. Après cette cérémonie initiatique, le père à son tour confia à son enfant une amulette sous forme de collier.

— Mon fils, prends ce présent ; c'est un fétiche protecteur. Il t'aidera en cas de besoin. Tu dois le garder suspendu à ton cou nuit et jour. Surtout, précisa-t-il avec insistance, ne t'en sépare jamais...

— Merci, répondit le jeune homme rassuré...

Chacun de ses parents le serra tendrement dans ses bras pour le réconforter. Certes, tout le monde pleurait d'émotion. Doté désormais de son gri-gri, notre ami fit ses adieux et quitta l'antre obscur de la demeure familiale. Sur sa route, il croisa des gens riches et affamés, qui ne trouvaient aucune nourriture et essayaient vainement de croquer leurs pièces d'or, et d'autres, qui avaient beaucoup bu de leur vivant, et maintenant, se traînaient dans le désert, assoiffés.

Il poursuivit ainsi sa route trois jours durant.

Il traversa des villes et des villages aux populations étranges ; notamment, le pays des Mikishis [3] qui avaient le don de revenir sur terre hanter le sommeil des vivants sous forme de rêves prémonitoires.

A la veille du quatrième jour, alors qu'il allait abandonner ses recherches, découragé, il fut attiré par un chant surprenant. Jamais encore il n'avait perçu une telle mélodie. La musique s'élevait doucement. C'était la princesse qui pleurait son bonheur disparu et l'éloignement de sa famille... Heureux de l'avoir reconnue, il se laissa guider par les chants de la jeune beauté et aperçut bientôt un palais. Toutes les fenêtres étaient voilées de soie immaculée, sous laquelle filtraient quelques notes. Il se glissa jusqu'à la chambre de la prisonnière. De grosses larmes coulaient sur ses joues pendant qu'elle chantait, mélancolique, le regard perdu dans un songe. Ses longues tresses se répan-

---

3. Mikishi : Dans la tradition bantoue, c'est le nom des revenants qui hantent dans la nuit les bois, les montagnes, les marigots, fleuves et rivières, ainsi que la mer, à la recherche d'une nouvelle naissance ou d'une réincarnation. Lorsqu'une femme enceinte est envoûtée par l'un d'eux, cela est souvent considéré comme source de malheurs et de malformations éventuelles pour l'enfant à venir. Aussi les coutumes africaines veillent-elles à ce que les femmes enceintes ne fréquentent pas ces lieux aux heures nocturnes. Les voyants racontent néanmoins que certains Mikishis généreux reviennent avertir les vivants des événements futurs, et ce, grâce aux songes.

daient sur ses épaules que dissimulaient à peine les plis de son pagne de satin rose. Elle était seule. Son affreux mari s'était absenté pour quelque temps. Surprise, elle se précipita vers le spectre de celui qui l'approchait et lui prit les mains en le suppliant de la sauver.

— Cesse de pleurer, lui dit-il, je partage ta souffrance et je suis venu te délivrer.

Il saisit la ravissante dame par le bras et l'entraîna hors de la demeure. Se tenant par la main, ils refirent en sens inverse le chemin parcouru par le jeune homme.

Peu après leur départ, le prince rentra en son palais. N'y trouvant pas son épouse, il lança à ses trousses son armée de squelettes, mais ceux-ci eurent beau patrouiller par monts et par vaux, ils ne trouvèrent pas trace de la belle princesse. Quant à nos deux fugitifs, leur fuite éperdue devenait difficile, à mesure que leur salut approchait... Même la nature, de plus en plus hostile, entravait leur progression. Ils se trouvaient maintenant en pleine forêt dense et ils devaient s'arracher aux griffes acérées des arbres et des buissons qui se resserraient autour d'eux et s'agrippaient de leurs branches aux deux fuyards. Soudainement, ils se rendirent compte qu'ils ne trouvaient pas d'issue. Ils arrivèrent au pays des génies. Tout le monde y était très savant. Chacun connaissait tout et n'ignorait rien. Aussi, y était-il interdit de parler de choses inintelligentes. Les deux amis interpellèrent plus d'un passant et s'enquérirent chaque fois :

— Où se trouve la sortie de la mort ?

Nul n'accepta d'y répondre, trouvant la question très stupide.

Les compagnons repartirent et trouvèrent sur leur chemin la ville des ignorants. Ici, la population, insensible aux choses de l'esprit, estima leur demande trop savante. Déçus, ils s'en allèrent désespérés.

Après une longue marche, ils atteignirent enfin le village des moqueurs. Dans cette contrée, l'ironie était reine. Dès leur apparition, on se moqua d'eux comme s'ils étaient particulièrement ridicules. Les habitants à qui ils s'adressèrent se mirent à rire, à rire encore et davantage, tels des fous. Le jeune homme, irrité d'être la risée de tous, pensa à son amulette :

— Gri-gri de mon père, accomplis ta mission !

A peine ces paroles furent-elles prononcées qu'il y eut une nuée de gourdins en l'air ; ceux-ci tapèrent sur les gens qui commencèrent à danser au rythme des coups. Les matraques vibraient de gauche à droite, de haut en bas, devant et derrière. Le spectacle était d'une amusante cruauté. Les gens sautillaient ; des cris de toutes sortes fusaient de la foule meurtrie. Personne n'était épargné. Les gourdins cognaient et cognaient très dur... C'est alors que le plus moqueur de tous, qui pour cela recevait plus de coups que les autres, finit par se résigner :

— Je m'en vais vous guider vers la sortie, mais de grâce, supplia-t-il, cessez de nous malmener avec vos bâtons.

L'orphelin cria enfin : « Gourdins, arrêtez ! »

Les gourdins, soudain, cessèrent de frapper et disparurent. On accompagna dès lors les deux humains auprès du gardien afin de récupérer leurs corps qu'ils retrouvèrent intacts. Chacun réintégra le sien et ils franchirent les grilles infernales, soulagés.

Mais une fois qu'ils se furent échappés, le prince arriva à son tour aux portes, inquiet de savoir si par hasard le gardien aurait aperçu son épouse :

— Elle vient tout juste de partir en compagnie d'un étranger, affirma celui-ci.

— Il faut les rattraper, hurla le mari, ils ne doivent pas quitter la mort.

— Non, fit remarquer le portier, ils sont intouchables, du moment où ils ont franchi le seuil de la vie et de la mort. Ils ont donc désormais la bénédiction de nos anciens.

— C'est ton avis et je ne le partage pas, répliqua vivement le prince, furieux.

Suivi de ses plus fidèles amis, il se lança à la poursuite des deux rescapés. Ceux-ci, qui n'étaient pas encore très loin, aperçurent bien vite leurs assaillants et se mirent à courir de plus en plus rapidement, afin de leur échapper. Tout à coup, la princesse épuisée trébucha sur une grosse racine de fromager et roula sur le sol. L'orphelin s'arrêta dans sa course et revint sur ses pas pour lui prêter secours. C'est au moment précis où il s'était penché sur elle pour l'aider à se relever qu'il remarqua non loin de là, derrière les acacias qui bordaient la savane, un premier village humain. Il souleva alors sa compagne, la porta dans ses bras, et s'empressa d'atteindre des lieux mieux fréquentés. Ils pénétrèrent dans le village et y trouvèrent le marché ouvert, grouillant de vie et de couleur. C'était un refuge idéal.

Le soleil haut dans le ciel dardait ses rayons sur de flamboyantes épices. Après des heures d'animation, la place se dépeuplait doucement. Par crainte d'être repérés, les deux traqués convinrent qu'il était temps de s'en aller. Ils traversèrent la foule, mais voici qu'au cœur de celle-ci ils se retrouvèrent face à face avec leurs ennemis qui, en la circonstance, avaient revêtu une forme bien humaine.

Une nouvelle poursuite s'engagea, à la surprise générale. Sur leur passage, ils renversèrent plus d'un passant, plus d'une marchandise. Sur le point d'être capturé, l'orphelin songea cette fois encore à sa précieuse amulette. Il la brandit et marmonna :

— Fétiche sacré, fais ton devoir !

A ces dires, lui et sa protégée devinrent instantanément des arbres géants au milieu de la place. Personne, curieusement, n'aperçut le changement intervenu à l'endroit. Leurs poursuivants avaient désormais perdu leur trace et s'interrogeaient sur la façon dont ils avaient pu se volatiliser aussi vite. Mais aucun d'entre eux n'avait idée de ce qu'ils étaient devenus. Ils se cachèrent aux environs immédiats pour observer la fin du marché. Celui-ci se vidait peu à peu de son public. Le bruit des négociants s'atténua et la place devint quasiment déserte. C'est alors que les êtres métamorphosés retrouvèrent leurs réelles identités et reprirent aussitôt la route. Ils étaient sûrs à présent qu'il n'y avait plus personne à leurs trousses. Ils marchèrent longtemps à travers la savane boisée.

Mais voici qu'au détour d'un buisson, un bruit bizarre troubla leur fragile sérénité. Constatant cependant qu'il était toujours traqué, mais fatigué et affamé, le jeune couple n'avait pourtant plus envie de fuir. L'orphelin décida d'en finir une fois pour toutes. Il s'adressa encore à son gri-gri protecteur :

— Fétiche de mes ancêtres, débarrasse-moi de ceux qui me pourchassent, à tout jamais !

La terre commença à vibrer, sourdement d'abord, puis dans un violent tremblement surgit du sol une gigantesque montagne de cristal. Celle-ci reliait dans un même corps, au-delà des nuages, la terre et le ciel. De la sorte, elle coupa la voie aux poursuivants tenaces.

Isolés grâce à ce mur cristallin sans limites, les rescapés reprirent leur souffle et s'en allèrent, délivrés de leurs persécuteurs.

Quant au prince de la mort et ses compagnons aux orbites creuses, ils sillonnèrent le pied de la montagne des jours durant, espérant ainsi trouver un passage providentiel, mais en vain.

Aux dernières nouvelles, il semblerait que ce mur étrange existe encore de nos jours, séparant ainsi les morts et les vivants. — Je suis persuadé qu'un jour, toi aussi lecteur, tu le verras.

Pour ce qui est de la princesse et de son bienfaiteur, ils atteignirent enfin leur pays et se présentèrent au roi. Honteuse, la jeune femme avoua ses malheurs et promit d'aimer celui qui s'était risqué à lui venir en aide.

Depuis, elle devint sage et modeste.

Et le roi, content et fier, proclama les bans et les maria.

Quant à l'acheteur dupé, le jeune roi, les sorciers racontent qu'il se promène toujours au royaume des morts en réclamant sa nouvelle naissance...

La petite danseuse d'argile

Au cœur de la forêt, pendant la saison des pluies, le ciel inondait la végétation de ses flots. Partout retentissaient les cris des singes apeurés et le sifflement des éclairs, tandis que les oiseaux protégeaient leurs petits sous leur plumage. Les hommes s'abritaient dans leur demeure, n'en sortant plus que pour se ravitailler... Dans la montagne, solitaires, les rapaces se réfugiaient sous les corniches escarpées. Partout planait le silence...

Emportée par la pluie torrentielle, l'argile dévalait les flancs de la montagne et se déposait à ses pieds. Un matin, l'averse se calma ; les premiers rayons de soleil apparurent, séchant les perles d'eau emprisonnées dans le calice des fleurs au milieu des herbes de la savane.

Au village, les enfants profitèrent du soleil pour sortir et jouer dans les flaques d'eau. Une orpheline, dont la grand-mère nourricière était vieille et malade, résolut d'aller admirer la Montagne Sacrée qui, selon la légende, exauçait les vœux des enfants au cœur pur... Ce qu'elle souhaitait le plus au monde, comme toutes les petites filles, était une poupée, qui, dans son corps fragile de jouet, cacherait une âme merveilleuse, un grand cœur capable de combler d'amour sa solitude d'enfant pauvre... Elle s'enfonça dans la savane, suivit un sentier qui serpentait dans la forêt et se trouva enfin au pied du volcan endormi. Là elle ferma les yeux, posa les deux mains sur le sol et s'écria :

— Montagne Sacrée, volcan de mes Ancêtres, donne-moi, s'il te plaît, la poupée de mes rêves...

Le silence se fit instantanément, comme si le temps et la vie étaient suspendus et l'enfant sentit frémir l'argile sous ses paumes... Elle ouvrit les yeux et remarqua sous ses doigts l'ébauche d'une poupée d'argile qui esquissait l'attitude d'une danseuse... Elle avait dû être déposée par la pluie et s'offrait innocemment. Contente, la fillette battit des mains et entreprit avec mille précautions de détacher la poupée de sa matrice de terre.

— J'ai souvent aidé grand-maman à faire des cruches d'argile, se dit-elle, aussi pourrai-je sculpter ma poupée et en faire une vraie danseuse. Je m'en vais la cacher dans mon fichu et la ramener au village.

Elle dénoua son foulard de coton ocre et y déposa le précieux don ; elle en saisit les deux bouts et s'enfuit d'un pas léger comme une petite gazelle. De retour au village, elle s'enferma chez elle et passa la nuit à sculpter les formes ébauchées par magie. Le jour se leva et le soleil resplendit haut dans le ciel. Cependant, aucun enfant ne courait dans le village. Tous entouraient la petite artiste... Elle tenait, serrée contre son corps, une gracieuse danseuse d'argile aux traits délicats, à la peau brune et lisse. Soudain, oh ! miracle, les lèvres de celle-ci sourirent, à la surprise des enfants ébahis...

Après avoir admirablement dansé, la poupée s'adressa tout à coup à la petite fille :

— Ô chère amie, dis-moi tout ce que tu désires et j'exaucerai ton vœu. Je suis faite de la même terre magique que la Montagne Sacrée, et le pouvoir de mon amour est illimité...

Interdite, la fillette hésita, puis chuchota :

— Je voudrais pour nous abriter, grand-mère et moi, un merveilleux palais de marbre, garni des plus belles étoffes d'Orient, et recelant les plus beaux meubles et les plus grandes richesses.

A ces mots, la terre se mit à trembler tandis que surgissait, tel un champignon, le présent demandé. Curieux, les gens du village avaient rejoint les enfants et tous s'extasiaient devant la beauté de la somptueuse demeure. La petite embrassa avec gratitude sa poupée et saisit la main de sa grand-mère afin de lui faire visiter leur splendide palais. Un murmure d'envie courut dans la foule.

Chaque jour apporta un nouveau présent à la famille comblée. Tous ceux qui, la veille encore, fuyaient leur misère, mendiaient à présent leur amitié et leurs richesses.

Des années s'écoulèrent dans la quiétude et la prospérité, jusqu'au jour où la mort ravit la vieille femme. Cette perte plongea la jeune fille dans une profonde mélancolie. Désormais, seule la miraculeuse poupée d'argile partageait sa solitude.

Dans le village habitait également un jeune garçon qui avait très mauvais caractère. Tous ses camarades le fuyaient et refusaient de jouer avec lui. Par pitié pour lui et en souvenir des longues journées solitaires qu'elle avait elle-même vécues, la fillette lui ouvrit les portes de son palais et il prit l'habitude de venir y jouer. Cependant, elle remarqua très vite qu'il détestait la poupée... En effet, il était jaloux de l'amour qu'elle portait à la danseuse. De plus, il aurait préféré être le seul possesseur de la créature d'argile afin d'obtenir de ses pouvoirs magiques la réalisation de tous ses vœux égoïstes.

Un matin, alors que notre amie conversait avec son jouet prodigieux, le garçon pénétra dans sa chambre et réclama la poupée. Comme elle hésitait à la lui donner, de colère, il arracha la danseuse d'argile de ses bras et de rage, la fracassa sur le sol. Puis il sortit en claquant la porte, heureux de son forfait.

En larmes, la jeune fille se pencha sur les débris épars et les rassembla... Elle entreprit ensuite de les recoller avec l'espoir de réanimer l'âme de sa compagne. Son œuvre achevée, elle sécha ses pleurs et attendit. Tout à coup, la statuette d'argile ouvrit les yeux et se mit à bâiller...

— Je crois que j'ai dû m'évanouir, dit-elle à l'enfant, et je te remercie de m'avoir sauvé la vie. Mais à présent, va, abandonne-moi car je sens que je suis devenue un danger pour toi.

— Non, répondit l'orpheline, les yeux embués de larmes. Jamais je ne te quitterai. Je préfère renoncer à ma fortune et partir avec toi plutôt que de te perdre !

Emue du désespoir de son amie, la poupée se serra contre elle et lui dit :

— L'heure est venue pour toi de devenir ma sœur d'argile et d'entreprendre avec moi le voyage au pays des poupées... C'est un pays enchanté, inconnu des enfants, sauf de ceux qui par leur amour ont mérité de nous y rejoindre. Là, les fleurs et les fruits sont formés de gemmes et tout objet est animé et vivant. Nous y côtoyons d'autres jouets, des petits guerriers, des statuettes, des petites madimbas [1]... Mais pour y accéder,

1. Madimba : xylophone africain.

l'aide de la Montagne Sacrée et du grand océan nous sera nécessaire.

Les deux amies prirent le chemin du volcan magique.

Là, la poupée tendit ses bras vers le ciel et l'implora dans un langage mystérieux. La fillette assistait, intriguée, à la scène, lorsqu'éclatèrent les premiers éclairs. Un orage tropical, comme seuls en connaissent les pays de mousson, gronda. La danseuse prit alors la main de son amie :

— Couvre-toi de cette argile boueuse et sacrée. Ainsi, nous serons sœurs et pourrons effectuer le grand voyage...

La jeune fille n'hésita pas ; elle se roula dans la boue. Lorsqu'elle se releva, elles étaient toutes deux semblables ; elles rirent ensemble de son nouveau visage.

— Plongeons-nous à présent dans l'océan afin de nous y dissoudre pour entreprendre, libres de toute enveloppe charnelle, le voyage initiatique au pays des songes.

Les deux amies s'arrêtèrent face à l'océan, éblouies de lumière et subjuguées par la beauté des lieux... Le ciel et les eaux s'étaient unis dans le regard des dieux. Ces lieux enchanteurs et sauvages les émerveillaient. La dentelle déchirée des falaises rejoignait l'écume de l'océan et des larmes de beauté sillonnaient leurs joues d'argile.

Alors, superbes, telles de majestueux goélands, elles s'envolèrent dans le ciel marin et fendirent la surface passionnée des flots.

Immergée dans la sérénité océane, l'argile se désagrégea, libérant deux purs esprits. Deux petites lumières scintillèrent alors dans les ondes et se laissèrent emporter par les vagues vers l'immensité sans fin de l'océan...

La légende raconte que depuis, au crépuscule, un petit garçon solitaire mêle ses larmes à la mer, regrettant un peu tard sa douce amie à jamais disparue.

La feuille morte

Autrefois, dans un pays toujours couvert d'un soleil d'ambre, une femme qui, jusque-là, avait beaucoup souffert de ne pas avoir d'enfant, donna enfin naissance à une fille noire comme l'ébène.

C'était une petite négresse aux yeux noirs perçants. Elle l'aima tant, dès le premier jour, qu'elle décida de la garder pour elle seule... Elle devint même jalouse de l'amour que son propre père lui portait. Peu à peu, l'idée que sa fillette chérie puisse la quitter, une fois grande, pour se marier, commença à la torturer... Elle finit par en perdre le sommeil.

De jour en jour, la jeune fille grandit en beauté. Aussi des demandes en mariage affluèrent.

La mère, qui était aussi magicienne, transforma tour à tour les prétendants en statues, en arbres, en oiseaux ou en papillons. Un matin, un prince jeune et beau vint solliciter la main de la demoiselle. Celle-ci, qui était restée imperturbable jusque là, fut émerveillée par la noblesse et l'intelligence de ses propos. Ils échangèrent quelques paroles, tout en se dévorant d'un regard complice et se séparèrent en s'étreignant les doigts. L'adieu des jeunes gens fut déchirant, et c'est en essuyant furtivement une petite larme qui perlait au bord de ses cils que la belle enfant prit congé de son soupirant.

Alors qu'il s'éloignait, le prince fut rejoint par la mère. Elle le regarda fixement et il sentit une grande force le paralyser. Il ferma les yeux, s'épongeant le front du revers de la main, puis se mit à virevolter dans le vent du soir : la méchante femme venait de le changer en feuille morte ! Tout à coup, un orage tropical éclata. Les palmiers s'inclinaient dans le vent ; les feuilles et les sables planaient, entraînés dans le vide par la tourmente.

La jeune fille, qui avait suivi sa mère sur la terrasse parce qu'elle craignait le pire, arriva trop tard. Ses longs cheveux flottaient dans la bise surchauffée. De grosses larmes coulaient telles des perles brillantes sur ses joues poudreuses. Impuissante, elle vit disparaître la feuille ensorcelée que les rafales de l'harmattan emportaient au firmament.

Le jeune homme, lui, se sentait la proie d'un destin implacable contre lequel il luttait en vain... Une violente bourrasque hurla avec fracas. Les toitures des maisons s'envolaient... La méchante mère faillit perdre son foulard et dut rentrer chez elle en s'agrippant aux arbres et aux murs.

La pauvre feuille roulait à gauche, à droite et rencontrait dans la tempête mille objets étrangers tels que des oiseaux, des chapeaux, des hannetons et même un papillon qui s'était trompé de saison et ressemblait à un nœud de soie froissé... Ils se saluèrent au passage :

— Qui es-tu ? demanda le papillon.

— Je suis la feuille sèche, répondit l'autre, jouet du vent, qui tourbillonne sans fin dans le rêve magique de l'existence.

Durant des jours, la pauvre feuille voltigea et finit par choir dans un petit ruisseau gonflé par l'orage et qui serpentait dans la forêt. Brusquement, elle sentit qu'on s'accrochait à ses nervures et vit monter dans sa nacelle qui flottait sur l'onde une petite fourmi toute trempée. Elle avait failli mourir noyée. La malheureuse se cramponna à la feuille morte jusqu'à ce qu'elle accoste le rivage, où elle débarqua saine et sauve.

— Ah, généreuse feuille morte, se dit-elle, comment te remercier de m'avoir sauvé la vie ? Je te suis si reconnaissante ! Sans toi, mes enfants seraient désormais orphelins ! Si seulement je pouvais t'être utile...

Absorbée par ses pensées, la fourmi s'était mise à parler. A cet instant, la feuille répondit :

— Je t'en prie, aide-moi...

Saisie par cette voix étrange vibrant dans l'air purifié par l'orage, la fourmi se mit à trembler, cherchant autour d'elle qui venait de parler ainsi. Ses yeux se posèrent sur la feuille et elle se dit, inquiète :

— Comme c'est curieux... Depuis quand les feuilles mortes parlent-elles ? Ce n'est pas normal.

— Je ne suis pas une feuille morte, reprit la voix, mais un jeune prince transformé par une vilaine femme. J'ai quitté mon lointain royaume gorgé de soleil pour chercher une épouse dans l'empire voisin, et voici comment sa mère m'a reçu... Le vent furieux m'a transporté jusqu'ici. Si tu peux m'aider à retrouver ma forme humaine, je t'en serai éternellement reconnaissant. Mais d'abord, pourrais-tu m'aider à sortir de l'eau ?

— Bien entendu, répondit la fourmi. Je vais aller chercher mes compagnes. Essaye de t'accrocher aux herbes et attends-moi.

La fourmi se pressa et arriva à la fourmilière qui se dressait à quelques mètres de la rivière.

— Venez vite, dit-elle aux autres fourmis, venez m'aider à sortir de l'eau une brave feuille qui m'a empêchée de me noyer...

Les fourmis déposèrent leurs outils et se dirigèrent vers la rivière. Là, elles formèrent une chaîne et se mirent en devoir de tirer la pauvre feuille de l'eau. Mais celle-ci était si fatiguée qu'elle commençait à se laisser entraîner vers le large. Brusquement, un éclair mauve apparut dans le ciel : le papillon avait défroissé ses ailes et virevoltait dans la lumière diaphane. Il vit son amie en danger et se porta à son secours. De ses pattes, il la saisit et la traîna ensuite vers le sol asséché, en voletant. A ses côtés, les fourmis s'agrippaient à la naufragée afin de l'assister dans son sauvetage. Elles portèrent ensuite la feuille exténuée jusqu'à leur fourmilière.

Après avoir salué le papillon qui poursuivit son vol, les fourmis entraînèrent la rescapée dans le labyrinthe de leurs galeries. La feuille morte y rencontra des chenilles qui travaillaient à la fabrication de la soie et des araignées qui, juchées sur leur métier à tisser, confectionnaient de somptueuses étoffes, semblables aux ailes du papillon ; celui-ci, paraît-il, était l'un de leurs meilleurs clients. Puis, elle aboutit dans une pièce éclairée et fut déposée sur une natte, à même le sol.

Après avoir réuni leur conseil, les fourmis décidèrent d'aller cueillir des herbes magiques dans la forêt et de confectionner le remède qui permettrait à la pauvre feuille de recouvrer son apparence première. Elles entassèrent les herbes dans de grands sacs qu'elles traînèrent jusqu'au chaudron. Puis, elles allumèrent un grand feu sous la marmite, y jetèrent les herbes et attendirent que la potion cuise à gros bouillons. Alors, elles en prélevèrent une louche et en enduisirent la feuille.

Soudain, la feuille morte se mit à geindre et à se tordre. La fourmilière vibrait... Un fracas assourdissant retentit, et la terre tombait de toutes parts... Affolées, les fourmis fuyaient vers la lumière, alors que la feuille grandissait, grandissait à vue d'œil... Dans la clairière, les oiseaux arrêtèrent de chanter, stupéfaits de voir surgir du sol, tel un champignon, un homme grand et fort... Hébété, celui-ci secoua la tête, afin d'en faire tomber les derniers fragments de terre et les dernières fourmis...

Bientôt les animaux de la forêt l'entourèrent, formant dans l'herbe morte un cercle curieux... La girafe, les chats sauvages, les oiseaux, le hibou et les fourmis, ses amies, admiraient, émerveillés, le géant qui s'était maintenant redressé de toute sa taille.

— Mes camarades, je ne sais comment vous remercier, s'exclama le prince. Sans vous, je serais resté le jouet du vent jusqu'à la fin des temps... Soyez assurés de mon éternelle reconnaissance. Mais je vais maintenant devoir vous quitter afin de rejoindre celle que je voulais prendre comme épouse. Bien que sa mère ne m'aime pas, j'irai encore solliciter sa main et elle sera ma femme, même si les feuilles mortes, jouets du vent, ne reviennent jamais sur les lieux de leurs amours.

— Nous allons t'accompagner ! s'exclamèrent les fourmis.

Et toutes se mirent en route avec lui. La journée était ensoleillée. Sur leur passage, les oiseaux sifflaient. Le prince était superbe grâce au costume chatoyant que les fourmis et les araignées lui avaient confectionné. Lorsqu'il franchit enfin le seuil de la demeure de sa bien-aimée, la mère, plus que surprise, pâlit. Ses lèvres se mirent à trembler...

— Cet homme-là est un esprit malin, se dit-elle, car je pensais ne jamais le revoir.

— Madame, dit simplement le prince, je viens épouser votre enfant.

A cet instant, la jeune fille, qui avait beaucoup

pleuré l'absence de celui qu'elle aimait, se précipita dans ses bras et l'embrassa avec ferveur.

La mère jalouse, qui avait trop et mal aimé sa fille, s'enfuit en sanglotant, désespérée...

Des jours plus tard, à la pleine lune, les deux amants s'unirent par le mariage. Deux rangées de petites fourmis les accompagnaient, chargées de roses somptueuses...

La légende raconte qu'ils furent heureux leur vie durant et eurent beaucoup d'enfants.

Le forgeron et le diablotin

Un forgeron et sa famille vivaient heureux dans un pays entouré d'une mer immense.

Un jour de saison sèche, le soleil fut si ardent qu'il provoqua d'énormes incendies. Enflé par les vents, le feu dévasta rapidement la brousse et les villages environnants.

Hommes, femmes et enfants fuyaient les flammes. Tous les animaux cherchaient refuge vers les cours d'eau. Bientôt, de ce qui avait été un véritable paradis terrestre, ne subsistèrent plus que des cendres. Essuyant leurs larmes, les habitants entreprirent courageusement de reconstruire leurs demeures et de vivre comme auparavant.

Le forgeron, dont l'habitation avait été détruite, décida de rebâtir sa maison au bord de l'océan afin de profiter de ses embruns.

Le premier jour, il creusa le sol et y érigea les fondations. Le soir venu, il rentra chez ses parents, où il avait abrité sa compagne et ses enfants, et il s'endormit satisfait.

Le jour suivant, il voulut poursuivre sa construction et se rendit au bord de l'eau, muni de pelles et de pioches... Sitôt fut-il arrivé sur le chantier qu'il s'arrêta, surpris : les fondations ébauchées la veille étaient achevées et surmontées de colonnes sculptées, formant de somptueux piliers.

Il se jeta au sol et loua avec gratitude le ciel de l'aider ainsi dans ses travaux. Encouragé par son heureuse découverte, il monta les murs et ne s'arrêta qu'au soir, épuisé par cette rude besogne. Il rentra donc chez lui pour savourer le gibier qu'avait préparé sa chère épouse et prendre un repos mérité.

Le lendemain, alors qu'il venait achever son ouvrage, il fut émerveillé par sa découverte : l'humble maison qu'il avait construite la veille s'était métamorphosée en une seule nuit, comme le papillon. Il remercia à nouveau le ciel mais se demanda qui l'aidait réellement, car il ignorait tout de celui qui parachevait ainsi son œuvre avec tant de génie et de perfection. Le palais était magnifique. Seuls les meubles manquaient. Aussi décida-t-il d'aller en acheter quelques-uns au marché. Au coucher du soleil, il revint, tirant quelques mulets chargés de meubles modestes, qu'il déposa dans la première pièce, en se promettant de les disposer à sa fantaisie, au lever du jour. Sur ce projet, il résolut de rentrer chez les siens. Mais quand il revint au palais, celui-ci était orné de sièges en or massif, de lits couverts de fourrures et d'étoffes éclatantes et translucides. Sur les tables, les couverts de vermeil scintillaient dans les premiers rayons de soleil ; les murs étaient tendus de tissus précieux et de soie couleur ciel...

Fou de joie, il courut avertir les siens et leur apprit qu'une main providentielle avait achevé son travail, métamorphosant ce qu'il avait bâti en un palais de marbre. Il les pria de faire leurs bagages sur-le-champ et les emmena tous vers leur luxueuse habitation. Ils marchèrent longtemps et furent enfin en vue de leur belle résidence...

Le plus jeune des fils remarqua alors qu'un trait de fumée blanche s'échappait de la cheminée et en fit part à son père. Celui-ci prétendit qu'il ne s'agissait de rien de grave. Ils arrivèrent enfin devant le palais. Le forgeron voulut y pénétrer le premier pour leur prouver qu'il n'y avait rien d'anormal.

Là, il s'arrêta, stupéfait, devant le spectacle : dans un superbe fauteuil d'or drapé de toile bleue se tenait un petit diable blanc comme la neige... Bien qu'effrayé par cette vision, il décida de cacher sa peur et demanda d'une voix ferme :

— Que faites-vous donc chez moi ?

— Chez vous ! répondit en ricanant le diablotin. Mais il s'agit de mon palais, que j'ai bâti de mes propres mains, à l'exception du hasard qui parachevait de temps à autre mon œuvre. Maintenant que cette somptueuse demeure est achevée, je suis venu l'habiter avec mes enfants !

— Ce palais m'appartient, répondit le forgeron... Je l'ai moi aussi bâti de mes propres mains, aidé en cela par le hasard. Aussi, vais-je y installer ma famille...

L'homme sortit alors de ses bagages trois masques grimaçants, représentant des visages horribles, qu'il fixa aux murs du salon, à la place des peintures que l'autre y avait placées.

Le diablotin intrigué jeta un regard effrayé en direction des masques. Tous les siens claquaient des dents en se serrant contre lui, terrorisés.

— Quels sont ces masques qui nous ressemblent ? s'informa-t-il.

— Ce sont, répondit le forgeron, les têtes des méchants diables que j'ai dû tuer parce qu'ils refusaient de m'écouter. J'ai gardé leurs têtes comme trophées...

A ces mots, tous les diables prirent la fuite, apeurés, oubliant dans leur course éperdue un coffre regorgeant d'or, de diamants, d'émeraudes et de saphirs.

L'homme astucieux flatta de la main les masques qu'avait confectionnés son père, le sculpteur, et ravi de la méchante blague qu'il venait de jouer au petit diable, il éclata de rire en savourant son triomphe.

Du diable ou de l'homme, le plus rusé n'est pas toujours celui que l'on croit.

Perle Noire

Du temps de nos Ancêtres vivait sur une côte africaine, là où l'océan se brise et se disperse en écume sur les rochers, un petit village heureux.

Là vivait une femme très belle qui désirait plus que tout offrir un très bel enfant à son mari. Mais bien des lunes passaient, et chaque fois elle désespérait d'être mère...

Le destin lui avait-il refusé le bonheur d'enfanter ? La mort dans l'âme, elle s'en alla trouver un féticheur, et celui-ci lui donna sa bénédiction.

A la dixième lune, la femme donna enfin le jour à une petite fille. Sa naissance fut marquée par une éclipse solaire : le soleil, jaloux de sa beauté, avait pris la fuite dès sa venue au monde. Depuis lors, il s'arrêtait de briller chaque fois qu'elle apparaissait.

Au fil des ans, elle se métamorphosa en une superbe jeune fille au regard de gazelle mélancolique, ombragé de longs cils noirs. Ses yeux étaient soulignés d'un trait de khol d'argent. Ses cheveux noirs, tressés en une multitude de nattes qu'embellissait un ruban couleur safran, étaient beaux comme ceux d'une déesse. Sa bouche rose dessinait le plus charmant des sourires et dévoilait des petites dents blanches et brillantes comme des perles. Aussi l'appela-t-on Perle Noire...

Plus elle grandissait, plus elle gagnait en éclat. Les roses du jardin se fanaient à son contact, tant sa perfection dépassait la leur. Partout on vanta sa beauté et les prétendants affluèrent de plus en plus nombreux...

Un jour, le sorcier vint solliciter la main de la belle demoiselle pour son unique fils. Mais les parents de celle-ci repoussèrent la demande. Furieux, le méchant enchanteur ne l'entendit pas de cette oreille et jura de se venger de cet affront. Il marmonna entre ses dents pourries :

— Puisqu'ils refusent leur fille à mon fils, elle n'appartiendra jamais à personne. J'emprisonnerai son âme pendant la course du soleil. Ainsi deviendra-t-elle invisible aux yeux des hommes qu'elle pourrait aimer et qui souhaiteraient l'épouser.

Et cette prédiction, hélas, se réalisa : chaque fois que son cœur battait pour un homme, Perle Noire devenait invisible. Chaque fois, elle pleurait sur son malheur.

Un jour, un beau prince vint de son royaume afin de l'épouser. Lorsqu'il apparut chez les parents de son élue, le cœur de celle-ci s'émut : jamais, elle n'avait vu un aussi bel homme ! Mais dès que son regard eut croisé celui de son prétendant, elle disparut comme par enchantement. Des jours durant, elle resta donc invisible à ses yeux. Seuls les parents et les domestiques pouvaient la voir et la servir.

Une après-midi, le jeune prince était assis sur un banc dans le jardin. Perle Noire voulut aller lui témoigner son affection, mais elle se volatilisa aussitôt qu'elle l'approcha. Alors que le malheureux la cherchait désespérément, elle l'entourait pourtant de sa présence, lui prodiguait mille attentions. Elle espérait en vain qu'il s'apercevrait de son existence. Mais le jeune homme prenait plaisir à subir ce qu'il imaginait être la caresse du vent ou le frôlement des feuilles d'arbres. D'un geste hésitant, Perle Noire invisible tendit la main pour lui toucher la joue. Un long moment, il savoura cette caresse mais ne réagit pas autrement.

Désolée, la jeune fille se réfugia au cœur de la forêt dans l'espoir d'apaiser sa douleur. Elle aperçut là une bien étrange fontaine de cristal. Elle s'en approcha et s'étonna d'en voir couler des larmes d'or. Tarissant ses pleurs, elle tendit les mains afin de recueillir un peu de ce liquide luisant ; sitôt qu'elle en eut touché, un génie surgit de l'eau, paré d'étoffes brillantes...

Perle Noire eut très peur et voulut s'enfuir, quand soudain le génie l'interpella :

— Jeune enfant, pourquoi m'as-tu tiré de mon sommeil séculaire ?

Tremblante, elle répondit :

— Je voudrais délivrer mon âme ensorcelée qu'un cruel magicien tient sous son emprise. Jaloux de me voir épouser un autre homme que son fils, il m'a condamnée à disparaître chaque fois qu'un prétendant me plaît.

— C'est moins grave que je ne l'imaginais, répondit le génie. Prends cet œil magique. Cette nuit, quand tu rejoindras ton élu, il n'appartiendra qu'à toi de libérer ton âme en le brisant entre vos deux corps. Ainsi tu échapperas à tout jamais au joug maléfique.

Subitement apparut un œil. La jeune fille accepta ce précieux cadeau, remercia le bon génie qui, satisfait, disparut dans les miroitements cristallins de la source.

Toute heureuse, la jeune beauté s'en fut auprès de son aimé. Dès qu'elle l'approcha, elle se mit à trembler. Mais courageuse, elle fit exploser l'œil qui se dispersa en une gerbe d'étincelles. L'envoûtement se dissipa immédiatement et les deux jeunes gens purent enfin se regarder dans les yeux et, sans crainte, se promettre l'amour de toute une vie...

La femme lionne

Je me souviens d'un récit que l'on me conta jadis, lorsque j'étais petit, et que je prends toujours plaisir à rapporter. C'est celui d'un polygame qui avait trois femmes, toutes plus belles les unes que les autres.

L'une d'entre elles était envoûtée : sous les traits candides de la plus jeune des coépouses se cachait l'âme d'une sorcière redoutable. Chaque fois qu'elle se querellait, la nuit venue, à la faveur de l'obscurité, elle se transformait en lionne sanguinaire et dévorait son adversaire. Elle nourrissait aussi une jalousie secrète envers les autres que la nature avait dotées de beauté et de vertus plus grandes et voulut se venger de ses rivales qui la surpassaient.

— Je vais m'en prendre à leurs enfants si beaux et intelligents, se dit-elle.

Aussi, chaque soir, se métamorphosait-elle et allait-elle attaquer ses victimes.

Une nuit, le fils cadet de l'une des coépouses partit à la chasse armé de sagaies. A peine s'était-il embusqué derrière un buisson, en pleine savane, qu'il fut attiré par une étrange lumière provenant d'un sanctuaire abandonné.

Il s'approcha prudemment, afin de mieux discerner

ce qui s'y passait. Il fut effrayé par ce qu'il aperçut : sous ses yeux, la plus jeune de ses mères se transformait en fauve et revêtait l'apparence d'une superbe lionne ! Sa peau s'épaississait et se recouvrait d'une fourrure couleur sable. D'immenses canines pointaient de sa bouche ; ses ongles se changeaient en griffes étincelantes, lançant des reflets d'argent dans la lumière lunaire. Il résolut alors de la suivre dans son expédition nocturne.

Celle-ci se dirigea d'un trot rapide vers le village endormi. Là, elle défonça d'un coup de patte la porte d'une case et y pénétra. Elle dévora l'occupante qui hurlait de terreur : ainsi mourut la seconde rivale. Le carnage fut total et, son crime accompli, la lionne reprit le chemin de la forêt. Dès qu'elle atteignit son repère, elle reprit son apparence féminine et rentra se coucher en cachette.

Le jeune chasseur, écœuré de tant de violence, demeurait choqué par le spectacle surnaturel auquel il avait assisté. Il regagna néanmoins sa case, tremblant de peur... Craignant d'être attaqué à son tour, il était incapable de trouver le sommeil. Aussi, il décida de dormir le jour et de veiller toutes les nuits, afin de préserver sa vie.

Le temps s'écoula lentement et tout le village vivait maintenant dans l'inquiétude...

Un jour, la belle sorcière se disputa avec l'une de ses rivales qui n'était autre que la mère du chasseur. Elle lui lança un tel regard que la dame frémit et confia son angoisse à son fils... Craignant pour sa vie, celui-ci apprêta ses armes, décidé à la protéger.

Le soir venu, dès la disparition du soleil, il partit dans la savane et s'embusqua à proximité du lieu maudit. Au clair de lune, il vit arriver sa belle-mère enveloppée dans un sombre pagne. Elle accomplit sa transformation diabolique et se dirigea vers le village, ignorant le danger qui la menaçait. Elle rampa en direction de la case endormie et s'y glissa sans un bruit.

Alors qu'elle s'apprêtait à bondir sur sa victime, le guetteur surgit de l'obscurité et, la saisissant à la gorge, y plongea entièrement sa sagaie. D'un coup de patte, la féline se débarrassa de son adversaire et s'échappa en rugissant et en perdant son sang. Elle parvint à se traîner jusqu'au sanctuaire où elle fut bientôt rejointe par son assaillant. Bien que cruellement blessée, elle avait cependant commencé sa métamorphose et avait déjà retrouvé son visage de femme éblouissante... Cependant, elle conservait encore la beauté sauvage du fauve... Aussi, le poursuivant l'acheva-t-il d'un coup de sagaie au cœur. Son cri retentit, terrifiant et lugubre, tandis qu'elle exhalait son dernier soupir.

Réveillés par son hurlement, les gens du village saisirent courageusement leurs lances et entreprirent une battue dans la forêt. Ils purent enfin contempler le corps, étrangement beau, d'une lionne à moitié humaine, que la jalousie avait condamnée et perdue. Son mari, qui se trouvait au milieu des villageois, comprit alors dans un éclair l'origine du mal qui frappait sa famille. Il fut peiné par ce drame mais soulagé par l'action héroïque de son fils, qui devint redoutable et respecté des anciens.

Le katendé[1] *enchanté*

Il y avait autrefois une jeune fille très belle. Personne ne pouvait la regarder sans en être ébloui. Pourtant, elle n'était pas satisfaite : elle désirait être encore plus belle. Aussi alla-t-elle consulter un vieux sorcier :

— Je voudrais devenir la plus belle du monde, lui dit-elle.

Le magicien lui assura que cela était possible, mais à une condition : elle lui offrirait, pour sa puissance magique, tous les enfants qu'elle aurait. La demoiselle accepta le marché et en fit le serment.

Les années passèrent au cours desquelles elle devint tellement jolie qu'elle surpassa en éclat toutes les femmes.

Un jour, elle rencontra un riche laboureur du nom de Kony. Celui-ci possédait beaucoup de terres et de bétail, mais il n'avait pas d'héritier. Son plus grand souci était d'avoir quelqu'un qu'il aimerait profondément. Il prit pour épouse la capricieuse, qui très vite lui donna un fils. Leur mariage était heureux.

1. Katendé : petit oiseau chanteur d'Afrique ; remarquable par son chant vibrant et agréable qu'il débite d'un perchoir élevé. Il vit dans les savanes arbustives, dans les cultures et près des villages.

L'enfant grandit et dès son plus jeune âge, il s'avéra d'une grande intelligence. Hélas, sept ans plus tard, alors qu'il jouait avec ses copains du village, autour d'un baobab, un énorme tourbillon s'empara de lui. Le petit se débattait, essayant d'échapper à son emprise. Il pleurait, criait, appelait à l'aide ; en vain. Tous restaient pétrifiés et impuissants. Sur tout le village la tornade faisait rage. Les maisons et les montagnes tremblaient sur leurs bases ; les arbres étaient secoués ; des branches s'en détachaient et s'abattaient sur la foule affolée ; le ciel était d'un noir profond, grondant de foudre et zébré d'éclairs. Alors, le garçon fut emporté dans le ciel par l'étrange tourmente.

Le drame affecta fortement le couple mais ne brisa pas ses liens. La vie reprit jusqu'à la naissance d'un second fils. Tristement, celui-ci connut le même sort que l'aîné. Ainsi que le troisième, puis le quatrième... Le malheureux père commença à s'interroger sur le mauvais sort qui hantait sa famille. Désespéré, il s'en alla consulter un voyant.

Assis sur une natte dans la pénombre d'une grotte, parmi les vapeurs aromatiques d'un chaudron fumant, le devin et son invité entreprirent d'interroger les mânes des ancêtres afin de résoudre l'énigme.

A côté d'un feu de bois sur lequel chauffait la marmite aux herbes magiques se trouvaient les cageots des poules. Le mage saisit une magnifique poule blanche, la suspendit au-dessus du récipient et d'un geste vif lui trancha la gorge. Le sang jaillit dans le bouillon d'écume et la vapeur rouge qui s'en échappa les plongea dans une vision étrange. Un monde diabolique se dévoila...

C'était le sanctuaire du sorcier. On y voyait des prisonniers et des esclaves soumis à son pouvoir maléfique. Dans cet endroit sinistre apparurent, du plus petit jusqu'au plus grand, les enfants disparus du laboureur. Leur visage était affligé et mélancolique, leur regard triste, mais de leurs lèvres serrées ne s'échappait aucune plainte.

Le pauvre homme interrogea alors le voyant sur cette malédiction, et ce dernier lui révéla la promesse de leur mère au magicien.

De retour chez lui, le malchanceux annonça à son épouse sa décision de la quitter. Mais ému par la douleur et la beauté de celle-ci dont il était encore très fier, il résolut de prolonger chastement leur union. Dès lors, les époux adoptèrent une adorable petite qu'ils prénommèrent Ndaya en hommage à l'un de ses aïeux. Grâce à elle, le couple retrouva la joie de vivre. Pour la protéger, le laboureur s'en alla demander les services d'un féticheur. Celui-ci lui confia un gri-gri protecteur.

La belle maudite ne pouvant plus procréer, le sorcier vint lui réclamer la fille adoptive. Mais son amulette la protégeait. En effet, chaque fois que le malin tentait de l'envoûter, elle se transformait en boule de feu qui tournoyait autour du méchant, projetait des milliers d'étincelles et lui envoyait une décharge foudroyante.

Découragé, l'ensorceleur attendit le moment propice. Une nuit, alors que la dame était déjà couchée, le magicien se manifesta, sinistre et menaçant :

— Tu dois maintenant me livrer ton époux, dit-il, car ton enfant est intouchable ; sinon c'est toi que je prendrai. Je t'accorde un délai de sept jours pour me faire part de ta décision !

L'enchanteur disparut dans un nuage lugubre. La femme resta immobile, figée par la peur. Le sacrifice réclamé était trop important pour qu'elle puisse l'accepter.

Malgré cela, il revint chaque jour, de plus en plus terrifiant. Une nuit, il pria la dame de lui apporter à la pleine lune quelques cheveux de son mari. Ce qu'elle fit, ne se doutant malheureusement pas des conséquences.

Un jour, alors que le couple était dans les champs occupé à défricher la terre, le sorcier apparut :

— Je viens prendre ton compagnon, dit-il en s'adressant à la femme. Il était fort comme un dieu, plus fort que les esprits de la nuit ; mais en me confiant ses cheveux, c'est son âme que tu m'as offerte.

A ces mots, l'effroi saisit les époux. Mais dès que l'homme voulut réagir, l'ensorceleur le fixa dans les yeux : le laboureur se retrouva immédiatement paralysé, comme foudroyé par une puissance surnaturelle. L'envoûteur prononça alors des paroles magiques dont la force étrange arracha la vie du pauvre qui s'écroula mort. Puis, il s'empara de son âme et disparut dans une gerbe de feu. Saisie de panique, l'épouse tremblait. Une chaude sueur perlait sur son corps et les larmes jaillissaient de ses yeux.

Après le drame, elle prit sa houe et creusa une fosse où elle jeta le cadavre. Elle reprit le chemin du retour, convaincue que personne ne l'avait vue. Or, un katendé avait tout vu et tout entendu. C'est à ce moment que l'oiseau se mit à siffler :

— Le laboureur est mort... Le laboureur est mort... Le sorcier a volé son âme et sa compagne a caché son corps sous l'herbe haute de la savane.

La méchante entendit la chanson et en fut fort irritée. Elle se mit à courir derrière l'impertinent. Mais chaque fois qu'elle s'en approchait, celui-ci se sauvait de justesse et continuait à la dénoncer.

Cette longue et inutile poursuite la fatigua, et la nuit

tombée, elle décida de rentrer chez elle, en dépit du compromettant katendé. Dans son logis, elle s'allongea et ne trouva que péniblement le sommeil. Mais le matin, à son lever, le petit oiseau était toujours là, entonnant son chant funèbre et accusateur, lui rappelant ainsi les événements de la veille. La femme s'élança de nouveau à la chasse de l'intrus pour l'éloigner du village. Ce fut le début de poursuites interminables pour le tenir à l'écart des habitants ; et ce, des jours durant...

Décidée à en finir, elle fabriqua toutes sortes de pièges capables de le capturer. Aussi, le petit oiseau chanteur se fit-il attraper un jour. La dame le pluma et mangea sa chair. Puis elle alla enterrer plumage et osselets derrière sa case, en un lieu que personne ne fréquentait. Tout danger écarté, elle informa enfin les voisins de la mort de son mari : ce dernier avait été dévoré par les bêtes sauvages.

Plusieurs lunes se succédèrent sans nouvel incident jusqu'au jour où, sur la tombe du katendé, prit naissance une plante aux très belles fleurs. On n'en avait jamais vu dans le pays et elle ne manqua pas d'attiser la curiosité de la petite orpheline. Mais à peine l'enfant eut-elle touché l'une des fleurs que celle-ci parla :

— Je suis le katendé mort. Mort d'une mort injuste. Mort pour avoir vu le sorcier s'emparer de l'âme de Kony, le laboureur, et sa compagne ensevelir son corps dans la savane. Je suis revenu au monde pour dire la vérité.

La fillette prit peur et courut avertir la veuve. Celle-ci, affolée, la frappa sans pitié et la priva de nourriture la journée entière. Il en fut ainsi, jusqu'au jour où une vieille commère du village passa par là, attirée par la remarquable beauté de la plante et son parfum entêtant.

Dès qu'elle la toucha, la plante lui révéla son secret. La vieille, surprise, courut informer ses proches. Ceux-ci vinrent vérifier ses dires et furent convaincus du mensonge de la veuve.

Alors, de bouche à oreille, la nouvelle fit le tour du pays et parvint au chef coutumier. Celui-ci convoqua le conseil des sages pour trancher le sort de la belle maudite. Le jugement fut rendu : l'orpheline hérita des biens du défunt et son éducation fut confiée à la communauté.

La femme, ayant perdu la garde de l'enfant, se retrouva solitaire et confrontée à la plus misérable des vies. Sa beauté ne séduisit plus personne, son procès lui ayant attiré le mépris des autres.

Heureuses d'avoir vengé le mort, leur mission accomplie, les fleurs enchantées se fanèrent à jamais dans les ultimes lueurs roses du soleil couchant.

La ngoma[1] *envoûtée*

Il régnait un climat tropical ! C'était la saison sèche. Les champs étaient jaunissants, les feuilles séchées ; les arbres ressemblaient à des termitières géantes envahies par la poussière du temps.

L'aurore luisait à l'horizon ; des nuages dorés paraissaient impatients de l'apparition du soleil comme le nénuphar attend la vague pour glisser sur un fleuve étale ; le ciel clair, la fraîcheur matinale, la rosée, le zéphyr et les chants d'oiseaux remplissaient de bonheur le cœur d'une petite fille à la voix enchanteresse. Son chant, disait-on, était si envoûtant que nul ne pouvait résister à son charme. De plus, elle était tellement mignonne, bien que minuscule ! Sa taille n'excédait pas celle d'un papillon.

Ses parents l'emmenaient toujours avec eux, la dissimulant tantôt dans une poche, tantôt dans leur panier à provisions. Un jour, pour mettre fin aux vols de mil qui avaient souvent lieu dans leur grenier, ils décidèrent de la laisser à la maison pour veiller sur

1. Ngoma : sorte de grand tam-tam africain que les joueurs attachent avec une ceinture autour des hanches. La partie supérieure de la caisse en bois creux sculpté est constituée par une peau tendue sur laquelle on frappe, mains nues, de toute la force des deux paumes afin d'en tirer des sons.

leurs biens. La fillette passait le plus clair de son temps à chanter de langoureuses mélopées.

Chaque matin, dès l'aube, lorsqu'elle égrenait ses notes cristallines, tous les oiseaux se pressaient à sa fenêtre, attirés par leur sonorité magique. Le loriot, le pinson, le katendé [2], le souimanga et autres oiseaux chanteurs venaient souvent l'accompagner et emplissaient le jardin. Chaque fois qu'elle balayait la cour, tissait un pagne ou pilait le manioc, les oiseaux se joignaient à elle et entonnaient en chœur des mélodies. Ses chansons étaient tellement ensorcelantes que chaque fois qu'elle les entamait, une foule innombrable s'amassait pour l'entendre et pour fredonner avec elle. Le voleur de mil fut ainsi écarté du précieux grenier par les admirateurs de plus en plus nombreux. Aigri, il revint chaque jour, espérant secrètement l'absence de la gardienne. Mais chaque fois, il fut captivé par sa voix et rentra bredouille chez lui.

Les parents rassurés constatèrent que les vols avaient, désormais, cessé. La sérénité régna longtemps dans la maisonnée.

Un beau matin, un ogre joueur de ngoma passa par là et entendit la chanteuse. Epris de cette merveille, le cruel résolut de l'enlever et de l'enfermer dans son instrument de musique.

— Ainsi, pensa-t-il, je pourrai attirer à moi tous les enfants.

Il se rendit immédiatement à l'entrée du logis.

— Ma chère, dit-il, je vois en toi un génie qui fera vibrer les foules. Viens effectuer avec moi une tournée, afin que le monde entier t'apprécie.

---

2. Katendé : petit oiseau chanteur d'Afrique ; remarquable par son chant vibrant et agréable qu'il débite d'un perchoir élevé. Il vit dans les savanes arbustives, dans les cultures et près des villages.

La petite ouvrit la fenêtre et répondit à travers les barreaux :

— Oh, je serais heureuse de partir avec vous... Mais je ne puis vous ouvrir car mes parents ont emporté la clef de la maison. Revenez donc demain ; ma famille sera très honorée de votre visite...

Le soir, lorsque les parents revinrent des champs, la jeune fille leur raconta avec enthousiasme la visite du batteur de tam-tam. Aussitôt, les parents, horrifiés, lui interdirent de répondre et d'ouvrir à qui que ce soit. Le lendemain, sitôt l'enfant seule, l'ogre revint, les bras chargés de cadeaux. Il trouva la porte close comme la veille, mais ce jour-là l'air ne vibrait pas du chant céleste...

La fillette semblait avoir disparu et tous les badauds s'attristaient de ce silence... Il n'obtint aucune réponse à ses appels et dut repartir en maugréant. Il résolut alors de tromper la méfiance de l'enfant et s'habilla en jeune marchand ambulant. Il revint ainsi déguisé à la tombée de la nuit, avant le retour des parents, et se présenta à la porte de la chanteuse sous prétexte de lui vendre un pagne. Eblouie par l'éclat d'or et de soie, la petite ne put résister à la tentation : elle entrebâilla la porte, afin de tâter l'étoffe d'une main timide.

— Ma chère enfant, murmura le jeune homme, gentil et rassurant, essaye donc ce vêtement qui te parera de toutes les grâces. Il te permettra de rivaliser avec les plus belles femmes du monde...

La fillette, confiante, ouvrit toute grande la porte et fit pénétrer l'étranger dans la maison. Elle drapa le tissu sur son corps gracile et voulut l'apprécier... Mais elle se souvint alors que l'unique glace dans laquelle elle aurait pu se regarder s'était brisée la veille... Le vendeur lui suggéra alors :

— Si tu veux t'admirer, pénètre dans ce tam-tam qui ne me quitte jamais. Il s'y trouve un superbe miroir. Tu pourras t'y contempler.

Candide, l'enfant souleva le couvercle et s'introduisit dans le tam-tam. Quand elle y eut pénétré, le bonhomme le referma brusquement et emporta son précieux butin très loin du village, à présent triste.

Le soir venu, les parents rentrèrent et constatèrent avec effroi la disparition de leur fille chérie. Ils cherchèrent partout mais en vain... Ce drame rendit le village silencieux car même les oiseaux amis ne chantaient plus. On organisa des funérailles symboliques auxquelles participèrent ses admirateurs. Les oiseaux vinrent eux aussi pépier leur chagrin sur sa tombe... Le loriot entonna son chant funèbre, suivi du petit katendé et du brillant souimanga. Des mois passèrent.

Un jour, l'ogre décida de se servir de sa captive. Il arriva dans un village, s'assit avec son tam-tam sur lequel il frappait de toute la force de ses paumes et hurla :

— Ngoma magique, merveilleuse ngoma, chante-moi une mélodie plus belle qu'aucune autre au monde...

La ngoma se mit alors à vibrer, guidée de l'intérieur par une voix inspirée. A cette complainte, hommes, femmes et enfants accoururent. Tous se mirent à danser. Saisi par la magie des notes, le joueur de tam-tam se mit aussi de la partie. Le chant se faisait de plus en plus envoûtant, la musique de plus en plus enchanteresse. La ngoma grondait et grondait si fort que l'on aurait pu imaginer un batteur invisible frappant ses flancs de ses mains agiles...

L'union de la voix et du rythme était si belle, si harmonieuse, qu'elle semblait une musique sacrée que seul le créateur pouvait inspirer. L'ogre dansait...

Il dansait, imprégné de cette musique irréelle. Son corps vibrait. Tout le village était en transe. Le bétail lui-même suivait la cadence. Les autruches exécutèrent un superbe numéro de claquettes, dissimulant leur tête sous leur éventail de plumes. Un coq unijambiste se mit à sautiller sur l'unique patte qui lui restait. Il tournoyait et virevoltait sur le dos. Le spectacle était extraordinaire. Les oiseaux perchés sur les branches d'arbres les accompagnaient de leurs cris et de leurs danses. Les vieillards eux-mêmes se trémoussaient... Les pagnes tombaient, les sandales volaient en tous sens. Jamais encore on n'avait entendu une telle mélodie. Tous étaient subjugués.

Passant par là par hasard, le voleur de mil reconnut la voix de celle qui l'avait empêché de poursuivre ses méfaits. L'homme, très ému, se sentit interpellé par celle qu'autrefois il maudissait. Il résolut dès lors de mettre un terme à cette captivité. Il attendit impatiemment la fin de la fête et, alors que tous s'allongeaient sur le sol, épuisés, il suivit le ravisseur qui quittait le village accompagné d'une foule d'enfants enthousiastes. Ils arrivèrent bientôt dans une ville étrangère. Le pays semblait gorgé de soleil comme une mangue mûre... Les femmes en pagnes multicolores pilaient le manioc dans les mortiers, scandant leurs gestes de chants rythmés, auxquels se mêla l'ogre musicien. Il s'adressa une nouvelle fois à son inséparable compagne :

— Ngoma magique, merveilleuse ngoma, chante-moi une mélodie plus belle qu'aucune autre au monde...

Le tam-tam se mit une fois encore à gronder, exécutant la prière de son maître. Le chant de la pauvre fillette l'accompagna à nouveau...

Alors que la fête battait son plein, le joueur de ngoma, envoûté par sa propre musique, se débarrassa de son instrument, afin de se mêler à la foule. Il se mit aussitôt à danser... Il dansa sous le regard intéressé des curieux. On lui offrit beaucoup de vin. Il en but trop et devint rapidement ivre. Mais il ne cessa pas de danser pour autant.

Le voleur en profita pour délivrer la petite captive. Il lui substitua un fétiche chantant qu'il venait de dérober au temple sacré. La joie au cœur, ils reprirent tous deux, sans tarder, le chemin du retour vers leur village.

La fête achevée, chacun rentra chez soi. L'ogre, en cours de route, voulut une fois de plus admirer sa prisonnière et souleva le couvercle de la ngoma. L'horreur figea son visage... Il plongea la main dedans et en sortit une immonde petite statue, grossièrement taillée, la gorge piquée de clous d'or. De rage, il la brisa et résolut de retrouver l'auteur de ce forfait. Arrivé à l'orée d'un bois, il entendit un chant et s'embusqua derrière un arbre, fou de colère. Le voleur de mil et sa nouvelle protégée apparurent bientôt... Le cruel leur barra la route :

— Hé voleur, rends-moi celle que tu m'as prise ! Je tiens à elle et je ne peux plus m'en passer.

Surpris, celui-ci s'arrêta et refusa énergiquement d'obéir. Il tenta de sauver celle qu'il voulait ramener aux siens et se mit à courir. L'ogre, hurlant de rage, se lança à leur poursuite...

Ils n'étaient plus qu'à deux pieds l'un de l'autre, quand soudain le sol s'effondra sous leurs pas... Une crevasse gigantesque s'ouvrit et engloutit le poursuivant en son sein.

La terre tremblante gronda longtemps... Puis se referma à tout jamais sur l'ogre, tel un linceul.

Seule, la ngoma crevée attestait son passage en ce

lieu désespéré... Elle gît toujours, renversée comme un jouet cassé, sur le sol rouge de la savane. Quant à nos deux amis, épargnés par le mystérieux cataclysme et revenus à la quiétude de leur village, ils se souviennent encore de leur aventure et chantent désormais ensemble les plus beaux hymnes à la nature.

La cruche brisée

A l'âge d'or, vivaient un marchand et sa femme.

Ils avaient une très jolie fille.

Un jour, l'épouse sentit sa fin proche. Elle fit venir sa fille à son chevet et lui dit :

— Ma petite fille, reste toujours généreuse et brave, et tu pourras compter sur l'aide et la protection de Dieu. Et moi, je te regarderai et te protégerai.

A peine eut-elle prononcé ces paroles que la mort s'installa et emporta la douce mère dans son royaume. Les funérailles se déroulèrent dans le plus grand recueillement.Chaque jour, l'enfant se rendait sur la tombe de sa mère et pleurait en silence. Elle s'appliquait à rester généreuse et brave, par amour pour sa mère regrettée.

Quant au marchand, las de sa solitude, il prit en secondes noces une femme qui lui donna également une fille. Tous s'installèrent dans une demeure commune. Mais sa nouvelle compagne était méchante et exclusive : à ses yeux, seule sa propre fille comptait ; elle ne pouvait supporter la présence de sa belle-fille et lui rendait la vie pénible.

Son enfant, une fois grande, s'appropria les beaux vêtements et les splendides bijoux de l'orpheline. Celle-ci ne conservait plus que l'unique vêtement qu'elle portait. Chaque fois que celui-ci devait être lessivé, elle restait cachée pendant que son linge séchait. Elle n'avait rien d'autre à se mettre. Elle fut également chargée des corvées du ménage : elle dut travailler dur de l'aube au crépuscule ; se lever tôt, aller la cruche sur la tête puiser l'eau dans la forêt, piler le maïs dans le mortier, allumer le feu, faire la cuisine et la vaisselle, la lessive et tous les sales travaux.

De plus, sa belle-mère ne cessait de lui chercher noise. Elle l'insultait et la battait. Le soir, bien qu'exténuée par sa journée infernale, la jeune fille n'avait même pas droit à un lit pour se reposer et devait s'étendre par terre, sur une natte déchirée.

Les jours s'écoulèrent, et la petite vivait toujours dans sa misère, sans marque d'affection de son entourage. Le jour de son anniversaire, elle s'assit au coin du feu, regrettant d'être née. Personne n'avait songé à lui souhaiter bon anniversaire ; personne non plus ne songea à lui offrir un cadeau, si petit et humble eût-il été. Le moindre geste lui aurait réchauffé le cœur... Mais elle ne vit personne et ne reçut rien ! Elle se sentait malheureuse, abandonnée et fondit en larmes.

Soudain, sa marâtre apparut ; la voyant en pleurs, elle se mit à la gronder. Puis elle lui administra une gifle, estimant qu'elle n'avait aucun droit à l'indulgence. D'un geste vif, elle lui tendit la cruche vide :

— Va à la rivière puiser l'eau pour l'usage du matin. Surtout fais vite et ne traîne pas !

La rivière se trouvait très loin, au cœur d'une forêt hantée d'animaux sauvages et de mauvais esprits. L'enfant, inquiète, prit le récipient et se mit en route, essuyant courageusement ses yeux. Le crépuscule descendait. Quelques gouttes de pluie se mirent à tomber et bientôt, ce fut l'averse. L'eau coulait à torrents, et les rafales de pluie se firent de plus en plus violentes. La fillette serrait la cruche entre ses bras et marchait droit devant elle. Soudain, elle trébucha sur une racine et tomba à la renverse. Par malheur la cruche se brisa sur le sol... L'enfant se releva péniblement. Ses jambes tremblaient de froid et de peur. Son corps portait des traces de meurtrissures. Lors de sa chute, son visage avait heurté un caillou et sa joue était enflée. Son unique vêtement était désormais en lambeaux. Elle se remit à pleurer, pas tant à cause de ses blessures, mais plutôt à la pensée du pot brisé. Comment allait-elle se justifier ? Une chose était certaine : elle serait battue et privée de nourriture, comme à l'habitude, chaque fois qu'une punition était décidée.

Il était déjà tard. La lune mélancolique avait couvert le ciel de sa timide clarté. Par crainte des fauves, elle reprit en pleurs le chemin du retour.

Arrivée au village, elle se tapit derrière la maison. Sa demi-sœur, qui jouait avec les enfants du voisinage, la découvrit. Elle courut immédiatement avertir sa mère. Celle-ci vint chercher la petite fille déjà craintive. Rentrée à la maison, elle raconta ce qui s'était passé. Mais sa marâtre la traita de maladroite et de stupide. Elle la battit et exigea en femme acariâtre et cruelle :

— Il me faut ma cruche, tu m'entends. Tu dois me la rapporter ! Celle-là et pas une autre ! Va et ne rentre pas sans celle qui m'appartient.

La petite repartit dans la forêt. Lorsqu'elle arriva au bord de la rivière, là où la cruche s'était brisée, elle ne retrouva rien. Même les débris avaient disparu. Désespérée, elle s'assit sur une grosse racine et gémit de chagrin. La faim la tenaillait, le froid la pénétrait... et la pluie qui continuait à tomber ruisselait le long de ses cheveux. Elle se mit à pleurer et pleurer encore plus fort, sans pouvoir se consoler, quand quelqu'un l'appela :

— Qu'as-tu donc, mon enfant, à faire couler des larmes à remplir une rivière ?

Elle chercha autour d'elle d'où venait la voix et ne vit personne. Elle se mit à sangloter davantage lorsque la même voix l'interpella :

— Qu'as-tu donc, mon enfant, à faire couler tant de larmes que tu pourrais remplir une rivière ?

En cherchant toujours l'origine de cette voix, elle vit sa mère qui la regardait avec pitié. Elle était revêtue d'un pagne blanc translucide et couvert de perles multicolores. Cette apparition était à peine visible dans le vent léger. La fillette se jeta à ses pieds et l'implora de l'emmener au royaume des ancêtres. Tristement, le spectre caressa les longs cheveux de l'enfant et demanda d'une voix douce et mélancolique :

— Ma chérie, mais que cherches-tu donc, seule, en ce triste lieu ?

— Je suis à la recherche de la cruche de ma bellemère que j'ai cassée par accident. Elle veut absolument sa cruche, pas une autre.

La revenante lui dit alors, rassurante :

— Calme-toi et ne pleure plus. Les débris du fameux récipient ont été ramassés par l'ogre-sculpteur, qui, grâce à son âme d'artiste, s'est appliqué à le reconstituer. Tu dois te rendre en son royaume pour le récupérer.

La mère disparut. La jeune fille, encouragée par cette apparition, se mit en route, déterminée. Elle arriva devant un manguier. Elle grimpa à l'arbre et cueillit une mangue pour son repas du jour. Puis, elle poursuivit son chemin vers l'étrange pays. Sur sa route, elle rencontra une vieille femme assise devant une case fumante :

— Viens m'aider à faire mon ménage, jeune enfant. L'âge m'a rongée depuis longtemps, tellement longtemps que je vis dans une grande poussière.

Généreuse, la petite entra dans la vilaine case et en nettoya tous les coins et recoins. Après ses travaux, elle voulait repartir ; la vieille dame lui proposa, en échange du fruit qu'elle gardait pour seule nourriture, un pot de miel :

— Prends-en un peu, et goûte ! Tu m'en donneras des nouvelles. Ceux qui l'ont goûté n'en sont pas morts !

La jeune fille trempa son doigt dans le miel et le porta à sa bouche. Alors la vieille femme s'enquit de l'objet de sa démarche. L'enfant lui conta son histoire. La vieille, qui vivait depuis longtemps dans la région, lui répondit :

— Bientôt tu arriveras au pays des ogres. Ils t'offriront une chambre luxueuse et une autre, sale et poussiéreuse. Ils te présenteront aussi des mets succulents. Il ne faudra pas y toucher. Si tu manges de leur repas, ils ne te laisseront plus repartir. C'est leur coutume. Ce miel nauséabond que tu as pourtant accepté de manger est extraordinaire. Il te gardera d'avoir faim et tu jetteras tous leurs plats dans un trou. Quand viendra l'heure de te coucher, tu choisiras la chambre la plus misérable. Pour le reste, ta mère sera auprès de toi pour t'aider.

L'enfant repartit et arriva bientôt à destination. Là, tout se déroula selon les prédictions de la vieille femme, et la fillette suivit ses conseils. Le lendemain, lorsqu'elle s'éveilla, l'un de ses hôtes vint la chercher pour le choix. Un nombre considérable de récipients était déposé dans une salle où l'attendaient déjà les ogres. Toutes les cruches se ressemblaient... Elle observait chaque pièce avec attention. Elle sentait peser sur elle les regards et avait peur. Alors qu'elle s'avançait pour choisir, sa mère apparut, dans son manteau invisible. Le fantôme s'avança et désigna la bonne poterie. Sans plus attendre, l'enfant la saisit. L'assemblée applaudit l'exploit ; le chef de la tribu s'adressa alors à elle :

— Tu es brave, pleine de gentillesse et d'humilité. En récompense, prends dix cruches d'or et d'argent : nous te les offrons pour ton mérite. Accepte aussi ce lot d'hommes et de femmes. Nous les avions capturés et pensions bien les garder prisonniers. Disposes-en selon ton bon vouloir. Ils seront à tout jamais tes serviteurs dévoués.

Soulagée et fière de sa réussite, elle prit ses biens et s'en retourna. Elle remit la cruche à la mégère. Bientôt, la jeune fille acheta un large domaine où elle fit construire une magnifique résidence et des habitations destinées aux personnes de son service. Tout le monde l'enviait mais disait du bien d'elle. La marâtre, elle, se mourait de jalousie. Un jour, elle ordonna à sa fille :

— Regarde comment ta demi-sœur a gagné sa fortune, et tout cela grâce à moi. Elle a acheté un village entier et possède une centaine de personnes à son service. Prends la cruche qu'elle a pu me rapporter et va dans la forêt. Là, brise-la et agis comme elle pour nous rapporter la richesse.

Sa fille prit alors le récipient et descendit à la rivière. Au pied d'une grosse racine, elle brisa le pot et revint à la maison. Sa mère la gronda et l'obligea à retourner chercher sa cruche. L'enfant repartit dans la forêt où gisaient les débris du récipient. Or, là où elle l'avait endommagé, elle ne trouva rien. Elle se mit à sa recherche aussitôt. Chemin faisant, elle cueillit pour son repas quelques-unes des délicieuses mangues. Plus loin, elle rencontra la vieille femme de la case enfumée :

— Que portes-tu dans ta gibecière ? demanda la vieille.

— Des mangues bien mûres, répondit l'enfant.

— Puis-je en avoir une ? Je te l'échangerai contre mon miel.

— Non. Ma maman m'a toujours enseigné de ne pas me laisser rouler. Votre miel est vraiment dégoûtant et, en plus, il sent vraiment très mauvais, comme vous-même ! Je ne pourrais l'avaler !

Méprisante, elle poursuivit sa route. Elle arriva enfin chez les ogres. L'accueil fut aussi chaleureux qu'elle l'avait souhaité. Elle mangea tous les mets que ses hôtes lui offrirent, jusqu'à en être repue. Le soir, deux chambres lui furent proposées. Sans hésiter, elle choisit la plus luxueuse et s'endormit d'un sommeil paisible. Le lendemain, le chef rassembla sa tribu pour l'épreuve finale ; il commanda de réunir toutes les cruches du pays et proposa à la jeune fille :

— Tu as devant toi un choix inestimable de récipients. Trouve le tien. Mais attention, si tu te trompes, tu resteras pour toujours notre prisonnière, ainsi que le veulent nos coutumes.

La jeune fille examina les cruches l'une après l'autre, mais n'en désigna aucune ; elle avait bien trop peur de se tromper et de ne plus revoir les siens.

— Il faut que tu choisisses... Il faut que tu choisisses..., chantèrent en chœur les ogres réunis.

Ses jambes se mirent à trembler de peur et de rage. Ses mains plus que jamais devinrent hésitantes, et elle se précipita, affolée par la lueur de gourmandise qui luisait dans tous les regards, sur la première cruche venue...

Depuis lors, sa mère attend toujours son retour...

La fourmi aux malices

Il était une fois une petite fourmi très ambitieuse. A son fils qu'elle chérissait plus que tout, elle souhaitait offrir un mariage avec une riche et belle héritière. Mais elle ne possédait aucune fortune. Aussi pensa-t-elle emprunter à toutes ses connaissances.

Une fois sa décision prise, elle se mit en marche de bon matin et se rendit chez le cancrelat.

— Comme je suis malheureuse ! dit-elle à son hôte. Je viens de perdre ma chère mère et je n'ai même pas d'argent pour confier son corps à la terre pour l'éternité... Son âme va venir nous hanter jusqu'à ce que nous puissions enfin honorer sa dépouille...

— Ma pauvre amie, gémit le noir insecte, pourquoi t'être tue jusqu'à présent ? Les amis sont faits pour s'entraider ! Je m'en vais déterrer le peu d'or que je possède et te le remettre pour les obsèques. Tu me le rendras quand tu seras plus riche.

— Merci, ô généreux ami, s'exclama la fourmi, les yeux en larmes... Viens chercher tes pièces d'or à l'aube du septième jour.

Sur ces mots, elle poursuivit sa route afin de trouver une seconde victime. Elle traversa plusieurs villages où chacun se retournait sur son passage, au cliquetis des pièces d'or dans sa poche.

— Oh, une fourmi musicale ! s'exclamèrent même les enfants.

Le soleil brillait haut dans le ciel. Les katendés chantaient de ravissants couplets, afin de bercer le repos des fauves... Elle arriva ensuite au village du coq et n'eut pas de peine à le remarquer, juché sur une case de paille, arborant avec fierté ses plus belles plumes.

— Tiens, il a encore ajouté de nouvelles couleurs à son plumage ! pensa la fourmi, et pourtant tout ce rouge, ce vert et ce bleu ciel sont très mal assortis !

— Cot, cot, lui cria le coq... Comment m'as-tu découvert, chère amie ?

Tout le village, alerté par son cri, se retourna vers l'étrangère. En effet, le coq parlait très haut afin de se faire admirer de tous... S'adressant aux bonnes gens accourus par curiosité, il poursuivit :

— Mon amie est un personnage de la plus haute importance, aussi vais-je lui consacrer un instant de mon précieux temps, même si je suis très occupé par mes affaires, ajouta-t-il, en se tournant vers la visiteuse.

L'entraînant vers un perchoir, il lui demanda ce qui lui valait l'honneur d'une telle visite.

— Ô merveilleux coq, sanglota-t-elle, mon unique enfant va se marier et n'a pas de vêtement. Alors j'ai besoin d'argent pour payer le tailleur. Aussi ai-je pensé à toi qui est toujours si élégant et si bien vêtu, lui sussura-t-elle à l'oreille.

— Le minimum en amitié, c'est la générosité, lui répondit le naïf... Je m'en vais te prêter mes atours les plus riches, tout de soie, de satin, d'or ainsi que quelques parures de diamants afin que ton fils fasse honneur à sa fiancée.

— Merci mille fois, répondit la fourmi, je n'en attendais pas moins d'un ami aussi généreux que toi. Viens récupérer ton bien dans sept jours, chez moi, à l'heure de midi.

La fourmi se remit en route et arriva bientôt en vue de la maison d'une zorille.

— Bonjour, chère zorille, lui dit-elle.

— Bienvenue à toi, amie, répondit son hôtesse. Que puis-je faire pour toi et que me vaut l'honneur de ta visite ?

— Ha, larmoya la fourmi... Mon fils, mon unique enfant, la perle de ma fourmilière, a été enlevé par l'aigle royal qui me réclame une rançon si énorme que je ne pourrai jamais payer !

— Ma pauvre amie, calme-toi donc car je vais te sauver... J'ai enterré dans ma tanière un gros sac de biens que je vais te prêter pour sauver ton enfant. Tu me le rendras quand tu seras plus riche, assura l'animal.

— Merci, chère zorille, remercia la menteuse ; viens donc reprendre ton bien chez moi dans sept jours à l'heure du dîner car je serai en mesure de te le rembourser.

Puis, elle prit congé de son hôtesse et repartit. A mi-chemin, elle s'arrêta pour compter sa nouvelle fortune.

— J'ai récolté beaucoup de fonds, mais ce n'est pas encore assez pour que mon fils puisse se marier et vivre riche pour le restant de ses jours, se dit-elle. Je dois aller voir le dernier ami qu'il me reste, le léopard. Si je puis aussi lui soutirer quelque chose, je crois que j'aurai fait une bonne affaire.

Sans tarder, elle se rendit chez le grand fauve et lui

raconta quelque nouveau mensonge. Touché par son malheur et pris de compassion, le félin lui accorda ce qu'elle demandait et promit de passer reprendre son dû chez elle, sept jours plus tard, à la tombée du jour. Heureuse, elle reprit le chemin du retour, ravie de la comédie qu'elle venait de jouer à tous ses amis. En chemin, elle croisa un chasseur. Elle se dit : « Ha ! Voici un associé providentiel ! » Puis elle l'appela :

— Bonjour, ô noble étranger, le hasard est bien souvent compagnon du destin. Je pleurais sur mon triste sort lorsque j'aperçus ta haute silhouette.

— Tu pleurais ? Mais pourquoi ? interrogea le passant surpris.

Sans répondre, la petite maligne se mit à gémir et à sangloter. Intrigué, le guerrier la supplia de lui confier le motif de sa peine.

— Mon cher ami, lui dit-elle, un proverbe de chez nous affirme : « Aide tes proches, afin qu'ils t'aident un jour. » Mes beaux-parents sont venus me rendre visite et je n'ai rien à leur offrir. Aussi suis-je à la recherche d'un prêt que je rembourserai le septième jour, chez moi, à l'heure du coucher.

L'homme eut pitié d'elle et lui prêta la somme désirée. Riche, bardée d'or et de diamants, la fourmi regagna sa demeure, satisfaite de sa journée. Son cœur vibrait de bonheur.

Deux jours plus tard, elle maria son fils à la très belle et très riche héritière du pays voisin. La fête du mariage fut une grande réussite et les jeunes époux purent même partir en voyage de noces.

Enfin, arriva le septième jour, date fatidique du remboursement de la dette. A l'aube, dès la disparition des brumes matinales, le cancrelat arriva chez l'emprunteuse pour récupérer sa créance. Dame fourmi l'accueillit avec joie et effusion.

— Cher ami, je suis ravie de ta visite. Viens prendre un verre de vin de palme, en témoignage de ma reconnaissance. Ensuite, je te rembourserai.

Les deux compères se mirent donc à boire, encore et encore... Ils burent, rirent et se racontèrent d'amusantes histoires. Et bientôt sonna l'heure à laquelle le coq avait promis de rendre visite à la fourmi. Le coq arriva à son tour, paré de ses plus beaux atours. A sa vue, le cancrelat ivre se figea d'horreur, hoqueta et tenta de s'enfuir. Aussitôt, le coq le saisit par une patte et l'avala en remuant la tête de délectation.

— Merci pour ce charmant accueil et pour ce petit hors-d'œuvre, s'exclama le coq. Mais comment saviez-vous que j'aimais à ce point les cancrelats ?

— Je me renseigne toujours sur les goûts culinaires de mes connaissances, expliqua la rusée.

Satisfait, le coq s'installa sur la chaise que venait d'abandonner le malheureux insecte. Les deux amis entamèrent alors une conversation des plus passionnantes. Le temps s'écoula, nonchalant, jusqu'à l'arrivée de la zorille. A la vue de cette dernière, le coq se mit à sautiller, hagard et hirsute, laissant choir çà et là quelques plumes multicolores... Mais l'heure de sa mort avait sonné et le prédateur l'attrapa et le dévora avec gourmandise. Rassasiée, la zorille se félicita de sa visite.

— Chère amie, dit-elle, je te prêterai très volontiers de l'argent si chaque fois je trouve chez toi un coq à déguster. Je me suis bien régalée ce soir.

Mais alors qu'elle se félicitait de son repas, le dangereux léopard apparut, sans un bruit. La zorille hurla, sentit les crocs pénétrer sa chair puis se tut, mangée par le félin. Content de cette aubaine, celui-ci remercia son hôte de lui avoir réservé une collation aussi charmante. Puis tous les deux vidèrent le reste de la calebasse de vin et le fauve s'endormit, repu et saoul.

Dehors, le soleil s'était couché sur la savane qui devenait peu à peu silencieuse. Seuls les cris des cigales et des grillons montaient dans le vent du soir. En frissonnant, la petite fourmi alluma un grand feu dans la cheminée, pour se réchauffer en attendant le dernier visiteur. Celui-ci, qui n'était autre que le chasseur, arriva enfin. Il avait toutes ses armes, y compris sa sagaie. Dès qu'il remarqua la présence du léopard, il sursauta et se dit :

— Les animaux sauvages et les hommes ne s'entendent pas... Si celui-ci me surprenait à son réveil, il est certain qu'il me dévorerait... Je m'en vais donc le tuer, et vendre sa fourrure, afin de gagner plus d'argent que la somme prêtée à la fourmi, mon amie.

Il sortit alors sa sagaie et la plongea dans le cœur du dormeur. Celui-ci se réveilla en sursaut et retomba sur le sol, mort.

Le chasseur, rassuré et heureux du gain qu'il allait réaliser, remercia son hôtesse en ces termes :

— Je te libère de la dette que tu avais envers moi car la fourrure de cette bête, que j'ai tuée grâce à toi, va me permettre de m'enrichir davantage. Aussi, je t'invite à partager mon succulent repas.

Sur ce, les deux compères se mirent à table et firent honneur à leur proie. Puis, ils se firent leurs adieux, satisfaits l'un et l'autre de tant d'opportunité.

Le petit griot

Un jeune griot qui était aussi prince héritier avait l'habitude d'animer de ses contes les veillées nocturnes. Un jour, comme la savane luisait de sa verdoyante beauté et que les enfants jouaient dans le village, un hurlement retentit dans la forêt voisine. Personne ne l'entendit, sauf le petit conteur. Il se précipita vers le lieu d'où venait le cri. Il vit alors une fillette se débattre contre un marchand d'esclaves aux épaisses moustaches, coiffé d'un turban multicolore orné en son centre d'un diamant et qui s'agitait en brandissant un sabre. L'enfant bondit sur l'homme en lui assénant de vigoureux coups de pieds et arracha la petite fille à son emprise. Furieux, l'agresseur l'assomma d'un coup sur la tête. Puis, il le chargea sur son cheval, éperonna et s'enfuit par-delà la rivière, vers le pays du sable blanc. A son réveil, après un long voyage, le jeune prince aperçut enfin un port immense comme sorti des sables et noyé de soleil ; il regorgeait de navires à la mâture blanche, d'odeurs d'épices et de cannelle, d'esclaves.

— Vois, lui dit son ravisseur, tu rejoindras bientôt les autres au marché des esclaves où j'espère tirer de toi un bon prix.

Ils aperçurent le port de Zanzibar et ses voiliers. Ils

pénétrèrent bientôt dans la ville même où se promenaient des femmes voilées et des commerçants vêtus de boubous [1]. Les dromadaires circulaient dans une foule chargée d'épices et bigarrée. Dans les boutiques, le joaillier vendait de somptueux bijoux. Le dinandier martelait le cuivre de ses plateaux. Plus loin pendaient des sacs de cuir, et les ouvriers s'abîmaient les mains à coudre les lanières... Dans le quartier suivant, les linges rouges, indigo, ocres, entassés dans de grands bacs, se doraient au soleil afin de capter ses couleurs. Au loin, de somptueux tapis d'Orient séchaient dans la lumière diffuse. Tout cet univers respirait la vie, et l'enfant, oubliant son malheur, appréciait les souks. Soudain, un chant guttural s'éleva dans la lumière du soir. Toute activité s'arrêta, puis, du minaret, tomba sur la foule les paroles du coran : « Allah... Allah... ». La foule s'agenouilla en direction de La Mecque. Seul le petit griot resta debout...

La nuit, ils trouvèrent refuge dans une auberge enfumée où se réunissaient les marins du port... Là, des femmes dansaient pour les hommes et buvaient avec eux. Ceux-ci se battaient ou jouaient aux cartes. Le jeune enfant s'endormit, brisé de fatigue. Il fut éveillé à l'aube par son ravisseur qui l'entraîna au marché aux esclaves.

Là, sur les tréteaux, était disposée la marchandise : des êtres humains de toutes les couleurs et de toutes les races... Les plus forts étaient achetés les premiers, ainsi que les filles les plus belles. Le jeune griot lui-même fut placé sur une estrade, enchaîné à une Chinoise aux cheveux de jais et à la peau d'ambre. Un riche sultan qui faisait ses emplettes passa devant eux et, contemplant la jeune beauté, résolut de les acheter

1. Boubou : sorte de toge que portent les marchands arabes.

tous deux. Il les emmena et les fit charger sur un dromadaire à baldaquin. Perché sur des coussins de soie bigarrée et admirant encore le luxe qui les entourait, le petit griot fit la connaissance de sa compagne.

— Je viens du pays du soleil levant, lui dit-elle, où cet affreux marchand m'a enlevée à ma famille.

— Moi, dit le petit, je viens de l'au-delà des sables, d'un pays où les gens sont noirs comme l'ébène. Je suis griot et héritier du trône de mon pays. J'ai sauvé la vie d'une fillette et me voilà prisonnier à sa place. Mais mes parents peuvent être fiers de moi car j'ai été aussi courageux que le lion.

Ils arrivèrent bientôt en vue d'un palais. Imprenable, la médina s'élevait en ce lieu désolé, telle une roche immaculée ; la dentelle de ses fenêtres laissait palpiter la vie. Le lourd vantail de chêne s'ouvrit dans un long grincement et la suite pénétra dans la place forte. L'intérieur de la demeure était frais, décoré de mosaïques vertes et bleues ; une fontaine jaillissait au milieu du jardin de fleurs, de parfums et d'oiseaux. Les pavés étaient froids et les murs blancs donnaient à ce lieu une atmosphère de plénitude.

Les deux captifs furent conduits au sérail.

A l'entrée, des eunuques gigantesques gardaient les portes et le petit griot ne vit aucun homme en ces lieux enchanteurs. Quant aux femmes voilées d'étoffes translucides, elles semblaient s'ennuyer. Elles avaient toutes été enlevées à leur famille, à leur mari et même à leurs enfants, pour devenir les épouses captives du sultan.

L'une rêvait, à l'ombre d'un portique, de sa belle Afrique, tandis que l'autre revoyait en songe ses neiges éternelles, ou encore la baie de Hong-Kong... Bientôt, le thé à la menthe leur fut servi sur des coussins de velours et le petit garçon, tout en buvant à petits coups, se mit à conter ses aventures. La prière du soir les surprit et les dames s'enfuirent toutes en riant, honteuses de n'avoir rien fait ce jour-là.

Bientôt apparut le sultan qui adressa la parole à l'enfant. Il se plaignit ce jour-là de ses épouses qui ne lui avaient jamais donné d'héritier mais qui se disputaient souvent. Hélas, il s'ennuyait malgré son argent et, sans ses compagnes, il serait mort d'ennui, disait-il... Ce soir-là, les danseuses égayèrent sa solitude au son des tambourins. Elles virevoltèrent toute la nuit, ondulant des hanches pour le plus grand plaisir de tous. Dès lors, la vie coula très douce pour chacun, moins monotone pour l'entourage du sultan, à présent que le petit griot le divertissait chaque jour de ses contes.

La sultane, une beauté qui provenait d'un royaume des neiges, considéra bientôt le petit conteur comme son enfant. Elle résolut de parachever son éducation car elle avait reconnu en lui une intelligence supérieure. Elle lui apprit à lire, à écrire, à jouer d'un instrument et à chanter. Elle lui enseigna l'histoire de l'univers, les grandes religions et philosophies qu'elle connaissait. La bibliothèque de la médina leur offrait ses trésors de culture et n'eut bientôt plus de secret pour eux.

Un jour, le sultan voulut islamiser le jeune griot. Mais la nuit, en songe, le petit vit apparaître ses aïeux, qui lui ordonnèrent de ne pas renoncer à eux pour adopter une nouvelle foi.

— Si tu nous abandonnes, ô fils, jamais nous ne te réapparaîtrons, car tu auras tué en nous toute vie. Nous t'aimons et t'avons protégé jusqu'à ce jour et nous te prions de ne pas te laisser corrompre.

Surpris, l'enfant résolut de ne pas abandonner les siens et en parla à la sultane. Pressentant la colère de son époux, celle-ci profita de la visite à la médina du Radjah de Rajasthan qui avait l'estime du sultan pour lui suggérer d'emmener le jeune prince dans son pays. Le Radjah acquiesça, touché par la prière de la jeune femme. Au moment du départ, il demanda au sultan le jeune enfant. Perplexe, celui-ci se gratta la tête, puis malgré son dépit accepta afin de ne pas offenser son invité. Il envoya chercher le garçon qui fit ses adieux aux captives du sérail. Les dames étaient en pleurs de voir partir celui qui égayait leurs soirées. Il promit de ne jamais les chasser de ses souvenirs et partit le cœur gros. Dans le jardin, il salua une dernière fois le sultan qui s'interrogeait sur ce qu'allait être à présent sa vie, et partit sur un étalon dans la suite du Radjah.

Ils traversèrent bien des contrées avant d'arriver dans un port où ils s'embarquèrent à bord d'un navire. Là, ils voguèrent pendant des lunes, entre le ciel et l'océan, perdus dans cette immensité. Puis une terre verte comme la savane en saison des pluies fut bientôt en vue, noyée d'oiseaux multicolores aux chants joyeux. Ils accostèrent sur le rivage et montèrent sur des éléphants à baldaquin.

Le petit crut être de retour en Afrique mais se dit que la mode avait bien changé durant son absence, car à l'époque de son départ, les éléphants se promenaient nus, sans baldaquin. Mais il comprit vite son erreur car il croisa des femmes vêtues de saris lumineux et des hommes portant des petites jupes. Ils arrivèrent bientôt au palais, portés par le roulis des éléphants. Celui-là s'élevait haut dans le ciel, découpant la silhouette de ses dômes dans la lumière. Partout, des singes criaillaient et bondissaient à la cime des arbres. Les cacatoès semaient leurs plumes au gré de leur vol. Le son de cythares s'éleva...

Des danseuses entonnèrent une lente mélopée. Leurs jeunes corps oscillaient. Les éléphants s'agenouillèrent et tous mirent pied à terre. Le Radjah pénétra dans les appartements royaux avec son hôte, quand tout à coup une ravissante jeune fille bondit dans ses bras.

— Ma chérie, s'exclama le Radjah, je te présente quelqu'un ; il te fera connaître de merveilleuses histoires de son pays.

Ainsi, les deux jeunes gens devinrent très vite inséparables. Chaque soir, le jeune prince racontait à sa compagne de beaux et passionnants récits. L'un d'entre eux avait séduit la belle enfant qui se le faisait narrer souvent.

— Redis-moi l'histoire du sceptre sacré, insistait-elle d'un ton suppliant.

Ravi et flatté de l'intérêt que son auditrice lui témoignait, notre ami s'asseyait sur un énorme coussin, et très solennel entamait son conte :

— Il était une fois deux orphelins, frère et sœur, dont le père vint à mourir, leur laissant en partage une fortune. Très égoïste, l'aîné s'empara de tous les biens, y compris de la part de sa cadette. Il lui laissa pour seul héritage un vieux sceptre qui avait appartenu à leur père et symbolisait son autorité. La jeune fille ruinée se mit à pleurer devant tant d'injustice. Alors qu'elle arrosait le sceptre de ses larmes, celui-ci se mit à parler :

— Mon enfant, dit-il, cesse de pleurer. La main qui m'a tenu de son vivant, révoltée par la malveillance de ton frère, va te rendre justice. Dorénavant, chacun de tes désirs sera exaucé par mon pouvoir sans limite.

Dès lors, la pauvre orpheline obtint soie, bijoux et tout ce dont elle osait rêver. Elle devint heureuse. Entre-temps, son grand frère avait épousé une jeune femme. Jaloux de l'élégance et de la richesse de sa sœur, le méchant lui ravit encore ses biens, afin de les offrir à sa belle dame. Mais chaque fois, sa sœur réapparaissait plus belle et plus élégante que jamais.

Intrigué, le mauvais frère surveillait sa cadette ; il la surprit un jour en conversation avec le sceptre enchanté. Dès lors, au courant de l'origine de sa richesse, le cruel tenta de lui ravir le bâton magique. Mais celui-ci se redressa subitement, s'éleva au-dessus du malhonnête et le frappa à toute volée :

— Aïe, ouille, gémit le malfaisant, laissez-moi, ne me touchez pas, vous ne savez pas à qui vous avez affaire...

Furieux, le bâton lui martela les côtes, le dos, la tête, lui fit un croc-en-jambe et l'éjecta dans la rue. Comme l'infâme appelait à l'aide, sa femme et tous les voisins accoururent. Ils se mirent à rire devant le spectacle grotesque qu'il offrait, sautillant, se roulant par terre pour échapper aux coups. Alors que la foule assistait impuissante à la punition du voleur, une voix sépulcrale tonna :

— Méchant fils, dorénavant je protégerai ta sœur contre ton égoïsme. Tu dois lui rendre sa part d'héritage.

Puis la voix se tut. Honteux, le malveillant apprit dorénavant à tout partager équitablement.

Le récit terminé, la petite amie du conteur, ravie, battait des mains et réclamait toujours d'autres histoires. Ils devinrent bientôt inséparables, et dès lors le Radjah résolut d'offrir sa fille tant aimée en mariage au jeune prince. La cérémonie eut lieu à la saison des pluies et notre héros devint le gendre du Radjah et le prince des Indes. Ils vécurent heureux, son épouse et lui, jusqu'à la mort du Radjah, auquel succéda son petit-fils.

Le lion et le lycaon

Jadis, le lion et le lycaon étaient de bons amis. Ils vivaient dans un même village de la chaude Afrique.

En ce temps-là le pays souffrait de disette. Ils décidèrent dès lors de chasser ensemble. Ils partirent à l'affût et capturèrent un impala, qu'ils ramenèrent. De retour chez eux, le lion prit un filtre en vannerie qu'il remit à son compagnon et lui dit :

— Nous avons la proie, l'huile de palme et la marmite, mais il manque l'eau pour faire la cuisine. Tu vas aller en puiser à la rivière la plus proche. Moi, j'irai de mon côté ramasser des fagots pour le feu. A ton retour, nous pourrons aussitôt manger.

Le lycaon partit immédiatement à la recherche d'un cours d'eau. Il découvrit une source à l'orée de la savane et y plongea son filtre en vannerie. Mais à chaque essai, tout le liquide s'en écoulait par le fond. Il persévérait pourtant à le plonger dans l'eau courante, mais sans succès.

Pendant ce temps, le lion qui, à son insu, avait caché une calebasse d'eau dans son grenier, la sortit et fit son repas. Sa cuisine était délicieuse. Il mangea tout sans rien laisser à son compagnon. Le lycaon qui commençait à désespérer de pouvoir enfin remplir son récipient finit par en avoir assez et reprit le chemin du village. Il retrouva son ami faisant triste mine et constata avec surprise la disparition de leur gibier. Son compère sanglotait, gémissait, se lamentait sur leur nourriture si bizarrement envolée ! Lorsque le lycaon lui demanda ce qu'il avait fait de leur viande, il ne put que répondre :

— Ah, si tu savais combien j'en suis attristé ! Pendant que je rassemblais des fagots, un voleur s'est emparé de tout notre butin de chasse. Je ne sais qui... Mais j'ai tellement faim que je ne puis m'empêcher de pleurer.

— Ne nous alarmons pas, répliqua sagement le lycaon, demain nous aurons de quoi manger.

Sur ce, ils s'en allèrent dormir, l'un affamé et l'autre bien repu. Le lendemain, la même scène se répéta. Plusieurs jours passèrent ainsi et le lion se jouait toujours de son voisin qui, lui, maigrissait de plus en plus.

Un matin, le lycaon était à la rivière et essayait encore, mais en vain, de puiser l'eau avec son filtre. Une tortue vint le trouver.

— Bonjour, lui lança-t-elle, que fais-tu ici ? Tu viens pêcher le poisson ?

— Non, répondit le lycaon, je puise l'eau de cette maudite rivière, enfin, j'essaie. Cela fait déjà des semaines que je le tente en vain !

— Ah, s'exclama la tortue, quel idiot tu es ! Le lion se moque de toi. Comment pourrais-tu parvenir à puiser et à conserver de l'eau dans un filtre en vannerie ? C'est de la pure sottise ! Pendant que tu perds ton temps à la rivière, le félin, qui a une cruche d'eau dans son grenier et la remplit, se prépare à manger et te laisse mourir de faim. Si tu ne me crois pas, viens avec moi et tu verras, lui dit la tortue.

Les deux compagnons reprirent la route du village. Arrivés à proximité des habitations, ils se cachèrent dans un buisson proche de la case du rusé. Ils virent le félin dépecer le gibier et le faire cuire dans une marmite remplie d'eau aromatisée. La cuisson était presque terminée lorsque la tortue suggéra au lycaon de porter un horrible masque de génie de la savane, qu'elle détenait de son ami le sorcier.

— Porte-le. A l'avenir, chaque fois qu'il t'enverra chercher l'eau, tu surprendras le traître. Désormais, tu es le génie de la savane ! Vas-y à présent.

Et en effet, le lion, devant cet être terrifiant, fut saisi d'effroi. Face à lui, le lycaon déguisé dit :

— Je suis le maître de la brousse. Tout le gibier m'appartient. Veille à m'offrir à manger à chacune de mes venues, sinon tu me serviras toi-même de dîner !

Le lion, figé par la peur, redouta la menace et ne put que s'incliner devant cette volonté. L'étrange génie l'obligea à sortir de la hutte. Le lion s'exécuta. Et lorsqu'il se fut éloigné, le lycaon mangea tous les mets finement préparés par le gourmand. Une fois rassasié, il revêtit son précieux déguisement et s'en alla le cacher en lieu sûr. Il reprit son filtre et rentra au village, bredouille. Il y trouva le lion encore tout tremblant.

— Ah, si tu savais, lui dit-il, ce n'est pas un voleur qui s'empare de notre gibier. C'est le génie de la brousse lui-même. Je l'ai vu aujourd'hui.

Une fois de plus, le lycaon feignit la désolation. Le même jeu se renouvela les jours suivants.

Et justice fut faite : ce fut au tour du lion de maigrir chaque jour davantage...

Le malin guérisseur

A l'ombre d'un baobab, au cœur d'un village, se dressait la case du vénérable chef coutumier.

Tous les matins, vêtu d'une somptueuse étoffe écarlate, celui-ci apparaissait pour saluer l'aube naissante et ses fidèles sujets.

Un jour, alors que le disque solaire avait déjà entrepris sa course vers l'Orient, le vieux chef n'apparut pas... Seuls les pleurs filtraient de sa demeure. Inquiets, ses sujets avertirent le guérisseur. Celui-ci se rendit chez lui et découvrit un bien funèbre spectacle...

Dans l'ombre de la case, des femmes âgées de seize à soixante ans, les cheveux tressés et couverts de cendres en guise de malédiction, les yeux agrandis de khôl, entouraient le chef. La mort planait autour du vieillard et son esprit s'échappait lentement. Pendant qu'il délirait, le féticheur s'accroupit dans un recoin de la pièce, près de la calebasse de vin, et entreprit d'interroger les mânes afin de connaître les causes de ce mal. Il sortit d'un sac des osselets brillants, les agita et de ses grandes mains calleuses, les lança sur la poussière blanche du sol. Dans leur chute, ceux-ci formèrent un symbole magique à travers lequel surgit le visage attristé du fils aîné du chef, lui-même prince héritier.

Celui-ci avait été chassé par son père, pour avoir osé séduire la danseuse sacrée. A la vue de ces signes, le voyant s'approcha du patient et lui dit :

— Ô chef respecté, les ancêtres t'envoient cette souffrance pour te punir d'avoir refusé une épouse à ton enfant. Si tu veux vivre, tu dois immédiatement envoyer le meilleur de tes guerriers à la recherche de ce fils aîné, afin de le ramener à la vue de tous les siens.

— C'est bon, lui répondit l'agonisant ; j'ordonne que soient respectés les vœux de mes aïeux.

— Ce n'est pas tout... Tu devras échanger ta vie contre la vie de celle par qui le malheur est arrivé : tu offriras sa jeunesse aux esprits et elle prendra ta mort sur ses fragiles épaules.

Dans un dernier sursaut, le malade se redressa et s'écria : « Jamais ! » Voyant que son maître s'obstinait dans un tel refus, le devin eut l'idée de tromper les esprits : il réclama des bougies noires, une marmite et un morceau de bois d'ébène ; il entreprit de sculpter dans la bûchette la forme d'une poupée, fit fondre les bougies dans le chaudron infernal et y plongea la statue.

Lorsqu'il l'en ressortit, elle présentait l'aspect d'une fille à la peau luisante. Seuls manquaient les cheveux. Il appela la danseuse sacrée, lui coupa les cheveux et les appliqua à la figurine. Alors, il se remit à psalmodier des formules magiques ; peu à peu, la statue frémissait, prenait vie. Le guérisseur demanda au vieillard de communiquer sa maladie à la poupée qui, de plus en plus, toussait et transpirait des gouttes de cire. Puis, brusquement, avec un hurlement strident, le mage précipita la figurine dans le feu. Elle s'enflamma en gémissant et disparut dans un crépitement d'étincelles.

Aussitôt, le vieux chef se sentit soulagé ; les gens sanglotaient de bonheur, surtout la danseuse dévouée à la déesse de la danse, ravie bien sûr d'échapper à une mort prématurée. A cet instant, le fils apparut sur le seuil de la case et se précipita respectueusement aux pieds de son père, implorant son pardon. Heureux de sa guérison, à présent conscient de sa sotte vanité, le chef lui offrit sa clémence et la jeune fille tant convoitée qui avait su toucher le cœur de son enfant.

Peu de temps après, au milieu des cris d'allégresse et du battement des tambours, dans la splendeur du soleil où resplendissait l'éclat des plumes, des bijoux de cuivre, des étoffes, la cérémonie du mariage fut célébrée par le père du marié, revêtu de son pagne écarlate.

Depuis, en souvenir de ce jour mémorable, toutes les femmes de ce village coupent leur chevelure à hauteur de leur cou, afin de rappeler le triomphe de la ruse sur la Mort.

L'épouse capricieuse

Autrefois, un petit village émergeait lentement de son profond sommeil tropical... Dans le pays endormi, seul l'atelier du tisserand semblait vivre. Deux jeunes femmes filaient et tissaient la laine, sous le regard protecteur de leur frère.

— Voici bien longtemps que vous prenez soin de moi, dit le jeune homme à ses sœurs, mais je voudrais maintenant me marier. Ce matin, à la fontaine, j'ai remarqué dans les premières lueurs de l'aube une ravissante fille. Elle est très belle et elle me donnera de beaux enfants. J'irai, dès demain, demander sa main.

Le lendemain matin, il prit congé des siens et se rendit, chargé de présents, chez les parents de celle qu'il désirait épouser. Après un accueil chaleureux, il fit part à la famille de la demoiselle de ses intentions. Les parents, satisfaits, l'autorisèrent à rencontrer leur enfant :

— Belle amie, dit le tisserand à la jeune fille, je souhaiterais faire de toi ma compagne. Mes deux sœurs seront ravies de t'accueillir dans notre maison où tu seras la plus heureuse des épouses.

Flattée par cet aveu, la belle enfant répondit :

— Tu dis que tu m'aimes ! Seras-tu, une fois marié, capable de satisfaire tous mes désirs ?

— Bien sûr que je ferai de mon mieux pour que tu ne manques de rien, dit le tisserand... Je ne craindrai pas d'affronter les plus grands dangers pour toi...

— Alors, j'accepte de t'épouser, répondit la jeune capricieuse.

L'alliance fut scellée et les deux jeunes gens se marièrent dans l'allégresse générale. Mais voilà qu'une fois mariée, la jeune dame manifesta ses premières exigences :

— Tu m'avais promis de me rendre heureuse, dit-elle à son compagnon ; alors, dorénavant, tu dois m'apporter la nourriture que je veux. Il y a près d'ici un mutumbula [1]. Il a dans sa réserve, d'après ce que l'on dit, des fruits qui apportent la beauté à ceux qui les consomment. Tu vas devoir aller m'en chercher.

Dès lors, pour honorer sa promesse, le tisserand déroba plus d'une fois les provisions du monstre.

Mais le soir lorsque celui-ci rentrait chez lui, il constatait, furieux, la disparition de ses réserves et dans une colère épouvantable, il décida alors de se cacher afin de surprendre le coupable.

Comme à son habitude, le maraudeur s'introduisit sans bruit afin de dérober quelques fruits. Soudain, le maître des lieux apparut. Le voleur s'écroula de peur. Le cruel se précipita sur lui, le ligota, le déposa dans une armoire où il l'enferma. Puis, il fit venir ses confrères afin de profiter de l'aubaine. Tous se rassemblèrent et décidèrent de le faire cuire dans une immense marmite.

---

1. Mutumbula : monstre légendaire bantou, d'apparence humaine, dont une moitié est pourrie, couverte d'asticots et l'autre moitié normale. Pour ne pas pourrir complètement, il doit manger de la chair humaine.

Le maître de maison fit venir son vieux cuisinier qui, lui, n'était pas un cannibale. Il lui confia celui que lui et ses invités avaient décidé de manger. Le tisserand tremblait tellement de peur que le cuisinier eut pitié de son sort et lui permit de s'échapper. A sa place, il prépara de la viande de bœuf qu'il servit aux invités qui crurent pourtant déguster le prisonnier.

Celui-ci était rentré bredouille chez lui et avait confié sa mésaventure à ses sœurs.

— Dorénavant, dit-il à son épouse, tu te contenteras comme nous tous de ce qu'il y a ici, car il faudrait être fou pour risquer à nouveau sa vie.

Furieuse, la capricieuse décida de ne plus se nourrir. Les jours passèrent et la jeune femme maigrit au point qu'inquiet pour sa vie, le pauvre mari décida de la contenter. Il convint de retourner une dernière fois voler les fruits au pouvoir fabuleux.

Par malchance le mutumbula, qui n'était pas sorti de chez lui, entendit du bruit dans sa réserve et se précipita pour voir ce qui s'y passait. Il surprit alors pour la deuxième fois le maraudeur et le prit pour son jumeau.

— Quelle famille, se dit-il... Comme je regrette de ne pas avoir pu les capturer ensemble... Cela aurait été très original pour mes invités de déguster deux membres d'une même famille.

Il ficela à nouveau le malchanceux qui était presque mort de peur et maudissait sa femme. Le mutumbula invita ses amis pour un second festin, tout en leur promettant une heureuse surprise.

Au soir, après leur journée de travail, les mangeurs d'hommes se retrouvèrent, répondant ainsi à l'appel. Affamés, ils demandèrent au cuisinier de leur servir le repas très rapidement. Sans tarder, le chef entraîna le captif vers sa cuisine et recommanda :

— Cette fois, c'est la dernière ! Je t'offre encore ta chance. Mais si jamais tu revenais, il ne m'appartiendra plus de t'épargner.

Le tisserand fut libéré et regagna son foyer. A sa place, le chef prépara une chèvre qu'il avait achetée à un voisin pour l'offrir à ses enfants. Les mutumbulas se régalèrent, convaincus d'avoir dégusté de la chair humaine.

Quelques jours après, le tisserand, incapable de résister aux caprices de sa jeune épouse, retourna une fois de plus chez le mutumbula. Il fut pris à nouveau. Le mutumbula, toujours aussi affamé, ne voulut plus attendre. Il fit venir ses compagnons de fortune sans tarder. Hélas, cette fois, le cuisinier était souffrant et s'était absenté pour maladie. L'impitoyable décida donc de faire cuire lui-même le repas ! Malgré les supplications de sa victime, il refusa de se laisser attendrir.

Alors que le soleil luisait dans le ciel, le parfum délicieux de la chair rôtie chatouillait les narines des monstres. Les ogres se régalèrent du festin, tandis que la jeune capricieuse, lasse d'attendre ses fruits, savourait un gros et tendre poulet, proclamant que désormais, elle ne toucherait plus à rien d'autre !

Histoire des trois orphelins

Il était une fois trois orphelins qui avaient été élevés par leur aïeul.

Le vieil homme qui avait vécu de longues années sentit un jour sa mort imminente. Aussi réunit-il les trois jeunes gens à son chevet et leur révéla-t-il alors le secret inestimable qu'il détenait de son père : il leur conféra le don de comprendre le langage des animaux, des oiseaux et même celui des arbres...

Après leur avoir confié ce pouvoir extraordinaire, il mourut, espérant qu'ils en feraient un bon usage.

Aujourd'hui, je m'en vais vous conter l'histoire de ces jeunes initiés.

L'éveillé

Il était une fois un jeune homme à qui son aïeul avait légué un héritage hors du commun : il l'avait initié au langage des bêtes ; la seule condition était de garder le secret.

Dès lors, il se demandait continuellement à quoi un tel don pouvait lui être utile ; car depuis qu'il le possédait, il n'écoutait ce que les animaux se disaient que pour son bon plaisir. Cela l'amusait pourtant et le faisait même beaucoup rire.

Un jour, alors que le soleil se couchait à l'horizon et que le vent caressait les branches, un rat des champs vint rendre visite à sa voisine, la souris :

— Bonjour, chère amie, je viens te raconter les derniers potins. Voilà que je me trouvais dans ma tanière avec ma famille et que nous prenions le repas du soir, lorsque la terre commença tout à coup à trembler. Les murs vibraient de façon inquiétante et les bibelots se mirent à tomber des étagères. Même le petit oiseau empaillé que j'avais rapporté à mes enfants sembla s'envoler une dernière fois pour atterrir sur le sol. Dame rate, affolée, regroupa les ratons contre ses jupes. Et moi, furieux, je rassemblai mon courage et sortis pour voir ce qui se passait. C'est alors que j'aperçus une bande de voleurs qui cachait son butin juste à l'entrée de mon logis. A leurs pieds se trouvait un coffre immense, dont le contenu brillait de mille feux sous le ciel étoilé. A l'intérieur, je pouvais apercevoir des centaines de pièces d'or, des bijoux, des diamants, des émeraudes, des perles issues de toutes les mers du monde.

La souris, captivée et émerveillée, écoutait, incapable de prononcer une parole. Mais dans la pièce où les deux commères se cachaient parmi les marmites, se trouvait assis le propriétaire de la maison. Celui-ci n'avait pas perdu un mot de la conversation et remerciait le ciel de lui avoir conféré un tel privilège. Lorsque le rat décida de rentrer chez lui, le jeune homme le suivit jusqu'à sa demeure. Là, il entreprit donc de creuser un trou à l'entrée, avec la pelle qu'il avait prudemment emportée. Après d'immenses efforts, il atteignit son but. Il sortit le coffre de sa cachette et resta bouche bée devant la richesse de son contenu.

Furieux, le rat des champs, convaincu qu'il était trahi par la souris, surgit des décombres, la tête couverte de terre. Il jura de se venger avant de s'enfuir, suivi par son épouse et par ses petits qui portaient leur baluchon.

L'homme, lui, prit son trésor et s'en retourna chez lui où, riche, désormais il vécut...

La jeune fille sans ombre

Un orphelin avait appris à comprendre ce que les animaux se racontent. Mais il était mécontent de ne pas se servir de leurs confidences et s'interrogeait sur l'utilité de son initiation.

Un jour, par temps chaud, il s'en alla faire un tour au marché, accompagné de son vieux chien. La nature s'épanouissait au soleil et le jeune homme se disait qu'il aurait été bien dommage de ne pas profiter d'une aussi belle journée pour faire des affaires.

Sur la place, des nattes multicolores regorgeaient de marchandises diverses. Les vendeuses, vêtues de pagnes et coiffées de fichus assortis, vantaient la beauté de leurs fruits, le parfum de leurs épices et le poids de leurs poules qui caquetaient dans leur cage.

Pendant que l'orphelin discutait le prix des bananes, son chien fit la connaissance d'une petite chienne. Celle-ci appartenait à la princesse qui se promenait justement par là avec sa chère nourrice. La fille du roi était déjà en âge de se marier ; mais elle n'avait pas encore trouvé d'époux. La rumeur publique murmurait qu'elle était ensorcelée : son ombre avait été ravie par un odieux enchanteur et le roi, son père, l'avait promise à celui qui la sauverait ; mais personne n'avait eu, à ce jour, le courage de s'y hasarder. Affligé par ce récit, le vieux chien se demandait comment la secourir, quand l'autre lui dit :

— Si vraiment tu peux te taire, je te dirai un secret qui permettrait à celui qui le connaîtrait de sortir ma maîtresse de sa souffrance. Son âme est enfermée dans l'arbre aux envoûtements. Depuis, je me désole car personne ne connaît la vérité à ce sujet.

Le maître avait tout entendu. Chargé de fruits, il rappela son compagnon et partit, joyeux. Il avait résolu d'aller libérer la belle prisonnière. Sans perdre de temps, il se mit en route. Après une longue marche, il atteignit le cœur de la forêt. Mais nulle part il ne trouva trace de l'arbre enchanté. Fatigué, il s'assit sur un morceau de bois mort et commença à se morfondre. Alors qu'il se lamentait, une vieille femme apparut. C'était une fée. Elle luisait, telle une étoile dans la nuit.

— Que fais-tu en cet endroit maudit, à l'heure où les sorcières sonnent le glas de leur rencontre nocturne ? questionna la fée.

— Je suis à la recherche d'un vieil arbre ; en son sein serait prisonnier l'ombre de la fille de mon roi et je veux la sauver, répondit-il apeuré.

— Ah, si ce n'est que cela, dit la fée, je veux t'aider. Prends cette amulette. Elle illuminera ton chemin et te soutiendra au besoin. Je ne l'offre qu'à ceux qui désirent faire une bonne action.

A ces mots, la fée disparut. Une fois que notre égaré eut brandi l'amulette dans le ciel, celle-ci s'alluma, aussi vive qu'une torche lumineuse. A ce moment-là, il put apercevoir un cratère dégarni de toute végétation, lugubre, dans lequel se dressait pourtant un arbre décharné. Ses branches étaient alourdies par des oiseaux de proie menaçants qui attendaient leur prochaine victime. Mais grâce au don magique, les oiseaux furent éblouis et restèrent impuissants. Le jeune homme saisit à deux mains la hache et se mit en devoir d'abattre l'arbre afin de libérer l'être qui y était emprisonné. Aussitôt des larmes de sang jaillirent du tronc et des pleurs de jeune fille retentirent.

— Je t'en prie, c'est moi que tu blesses ! Chaque coup m'entame davantage le corps !

En voyant le sang s'écouler abondamment de chaque entaille faite à l'écorce, le jeune homme s'arrêta de frapper et se mit à chercher avec ferveur l'entrée de l'arbre, lorsqu'un oiseau dit à un flamant rose, son voisin :

— Va vite, cache de ton duvet rose l'entrée de l'arbre magique pour que l'étranger n'emmène pas avec lui la seule beauté de ce lieu : la belle princesse.

A ces mots, le flamant rose prit son envol pour revenir se nicher au pied de l'arbre. Notre orphelin, qui avait tout compris, chassa l'oiseau et remarqua dans l'écorce une fissure qui permettait de se glisser au cœur du vieillard végétal. Il s'y introduisit à grand peine et découvrit une obscure prison dans laquelle la pauvre princesse était recroquevillée. A sa transparente pâleur, l'initié réalisa qu'il s'agissait du double translucide et irréel de la mystérieuse envoûtée. Mais dès qu'il voulut l'approcher, de tous les coins et recoins, des squelettes d'hommes s'avancèrent toujours et toujours plus nombreux : il y en avait tant et tant qu'il ne savait plus où se réfugier, et ils hurlaient de façon épouvantable. Menaçants, ils l'assaillirent. Il sortit son amulette magique qui se mit à briller très fort, et cria :

— Arrière, allez-vous-en, canailles !

Il se jeta sur eux, frappant dans tous les sens. Quelques-uns réussirent à s'enfuir, éblouis par la lumière, mais les autres périrent, foudroyés par le fétiche. Alors il s'approcha de la princesse, enfin libérée de ses gardiens. Il la regarda avec émotion, lui prit la main et l'entraîna hors de son étrange cachot. Sur le seuil, la jeune beauté se blottit soudain dans les bras du courageux. Des larmes de joie et de reconnaissance ruisselaient sur ses joues ; il sourit. Elle embrassa alors son sauveur avec tendresse...

Le soleil commençait à s'effacer ; aussi, l'ombre de la demoiselle s'éleva-t-elle lentement, évanescente, afin de rejoindre son corps. Tel un souffle léger, elle disparut dans les reflets rosés du couchant.

Au même instant, l'arbre aux sorciers, privé de son âme, s'effondra dans un bruit de tonnerre, comme frappé par la foudre. Il s'ensuivit un puissant tremblement de terre. Tous les habitants de la brousse s'enfuirent, effrayés, et le bruit de la chute de l'arbre géant se répercuta jusqu'au palais, faisant vibrer les maisons.

Sa mission accomplie, le brave jeune homme prit le chemin du retour et, après un voyage harassant de trois jours, arriva au palais royal, acclamé par la foule. La joie du peuple fut si grande qu'il devint un grand héros. Il épousa naturellement la princesse, tombée amoureuse de lui.

Lorsque le roi, noble vieillard, lui légua son trône, il régna en monarque juste et doux sur un peuple prospère.

La mort du petit oiseau

C'était la période où les oiseaux migrateurs, venus des pays lointains, se rassemblaient pour repartir chez eux d'où le froid d'hiver les avait chassés. Les hirondelles s'étaient juchées en ligne droite sur les toits des maisons et sur les fils à sécher le linge ; elles se parlaient en patois étranger : « Touit !... Touit !... » était tout ce que notre oreille indiscrète pouvait entendre bruire. Les katendés dans la prairie leur disaient « adieu », dans un hymne à l'amitié d'une bien profonde intensité. La savane était claire et fraîche et les ondes des rivières luisaient, argentées :

— Quelle belle journée. Si j'étais libre, je m'envolerais, joyeux, dans la cime des arbres en fleurs des plantations !

Ainsi parlait un petit oiseau enfermé depuis des jours dans une cage. Il était splendide : calotte et cou vert émeraude à reflets métalliques ; tout le jabot et le dessous jusqu'à mi-ventre cramoisi (très finement ponctué de bleu), le dos et le bas-ventre brun-noir velouté, les ailes brun clair. C'était certainement un souimanga. Malgré ses plaintes, le jeune homme qui l'avait capturé pour son bon plaisir n'entendait rien d'autre que son chant clair et doux. Quand il se mettait en colère et gazouillait : « tip, tiou, tip, tip » qu'il répétait à courts intervalles, l'oiseleur s'imaginait qu'il avait soif et lui donnait sans cesse à boire.

Mais en ce beau jour ensoleillé, il s'en alla à travers la campagne montrer sa trouvaille aux amis. Il se présentait de maison en maison et d'un village à l'autre.

Comme il passait près d'un bois isolé, il fit la rencontre d'un couple d'étrangers qui se tenaient plantés là, écoutant attentivement le chant de l'oiseau qu'il transportait dans sa cage :

— Ton oiseau me plaît, peux-tu me le vendre ? questionna le voyageur.

Celui-ci n'était autre qu'un initié. Il était très doué ; il savait les secrets de la forêt et entendait le langage des bêtes. Mais il ne pouvait en aucun cas révéler ce qu'il apprenait par le moyen de ce don ; même pas à sa propre femme :

— Ecoute, dit le détenteur de l'oiseau, je suis pauvre et dans le besoin ; donne-moi une juste récompense et mon bien sera à toi.

L'homme avait le cœur généreux, et comme le vendeur lui était sympathique, il lui tendit la moitié de sa bourse :

— Tiens, lui dit-il, et que Dieu te protège. Je crois que tu seras longtemps riche avec cette somme.

Sur quoi, la vente fut conclue. Puis ils se séparèrent. L'initié, qui écoutait attentivement ce que le petit oiseau lui disait, s'enquit de sa sincère et profonde aspiration. Il attendit prudemment que le vendeur fût à une distance suffisante, puis le libéra dès que l'autre eut disparu de sa vue.

Chantant, voltigeant dans le ciel transparent comme du cristal, l'éclatant souimanga remercia son bienfaiteur et s'en alla à travers la forêt claire, plein de joie et l'âme soulagée.

Cependant, l'épouse de l'initié se mit dans une colère de foudre déchaînée :

— Je voudrais que tu m'expliques, dit-elle, pourquoi tu as payé cet oiseau à prix de pierres précieuses si c'était pour le relâcher ensuite ?

— Je ne pouvais pas supporter, répliqua le mari, de le voir souffrir dans cette sinistre cage en bois.

Mais la femme n'était pas très satisfaite de la réponse ; elle trouva l'attitude de son compagnon bien suspecte. En dépit de cet incident, elle reprit, boudeuse, le chemin du retour avec lui.

Le temps passa et les époux, un matin, s'en allèrent ramasser les champignons dans la forêt. Une brume épaisse et humide couvrait les arbres. Cela rendait la cueillette bien pénible. La femme, qui était souvent impatiente, devint furieuse. Alors qu'elle était pénétrée d'une profonde douleur, elle se lamenta en disant : « Si seulement on pouvait s'asseoir quelque part en attendant que le brouillard se dissipe. Ce serait mieux. »

Mais bientôt son sourire revint. Elle remarqua les rayons de soleil luisant déjà dans toute sa splendeur. Dès cet instant, le couple se remit au travail avec plus de gaieté. Lorsque l'astre du jour s'approcha du zénith, les paniers étaient déjà bien remplis. Comme les conjoints étaient fatigués, ils songèrent aussitôt à se reposer près d'une termitière proche. Ils s'approchèrent du monticule de terre, posèrent leurs corbeilles et s'assirent à côté.

L'endroit était agréable et le paysage très beau. Le couple s'allongea sur le sol herbeux, couvert de feuilles mortes des acacias, et se détendit autant qu'il en avait besoin. Pendant que la dame contemplait la beauté de la nature environnante, l'homme s'amusait à écouter avec plaisir ce que les termites se disaient dans les creux de leur galerie. Il éclata spontanément de rire. Il rit comme un fou, à la grande surprise de sa compagne. Celle-ci commença sérieusement à s'inquiéter pour sa santé mentale.

En effet, les termites étaient rassemblées à l'occasion d'une représentation théâtrale. Ce qui, au moment même, ne pouvait que divertir notre curieux. Mais la réjouissance fut de courte durée ; la reine vint interrompre la manifestation. Elle était très angoissée et venait prévenir ses sujets de l'imminence d'un séisme. A ce qu'elle disait, aucun humain, aucun animal n'allait être épargné. Dans toute la termitière, c'était la panique. Ouvrières et soldats s'agitaient désormais, nerveux. La reine ordonna enfin l'évacuation de la colonie du lieu menacé pour un asile sûr.

Durant le fourmillement des termites, l'homme n'avait rien perdu des propos de la reine. Pendant que les petits insectes s'affairaient pour se sauver, l'initié dit à sa compagne qu'ils devraient vite rentrer chez eux. Ils se mirent donc en route. Sur le chemin, ils croisèrent une colonne de fourmis qui déménageaient pour une retraite plus sereine. Elles étaient nerveuses et pressées. Elles avaient également pressenti le tremblement de terre.

Lorsque l'initié arriva chez lui, son premier geste fut d'aller avertir le chef du village. Ensemble avec lui, ils informèrent tous les habitants de l'imparable danger qui les menaçait. Tout le monde fut dès lors mis à l'abri. Et quand le séisme arriva, il ne trouva que pays dépeuplé... Aussi les populations entières furent-elles sauvées.

Mais la femme de l'illuminé fut tellement étonnée de ces révélations sans cesse surprenantes qu'elle désira ardemment savoir d'où il tenait ces secrets. Chaque jour davantage elle le pressait de questions. Mais l'homme restait toujours inébranlable.

Un matin, il arriva que Mélise [1], qui aimait le génie de la mer, vint à lui rendre visite. Tous deux se parlaient au bord de l'eau. Le souimanga qui n'était pas loin de là, sur la plage, écoutait attentivement ce qu'ils se disaient. Un moment donné, le génie de la mer demanda :

— Tu as l'air bien triste, as-tu d'autres soucis ?

— Je suis inquiète, dit Mélise, parce que mon frère, le génie du vent, est en furie contre les hommes. Il trouve qu'ils ne lui font plus des offrandes dignes de son rang. Tout ce qu'il ramasse quand il passe sur terre n'est que poussière et feuilles mortes.

— Mais je ne vois pas pourquoi cela doit te plonger dans une si profonde mélancolie, dit le génie de la mer.

— Il y a plus grave. Mon frère a déjà envoyé la foudre dévaster plusieurs contrées. En ce moment, poursuit Mélise, il est au cœur de la forêt, près du grand lac. Il discute, avec toutes les forces de la nature qu'il commande, de ce qu'il va faire pour punir l'insolence humaine. Et cela me fait mal au cœur.

Saisi d'effroi par cette confidence, le petit souimanga n'avait plus soif. Il s'envola immédiatement vers le lieu où se tenait ladite réunion. Là, les craintes de Mélise se confirmèrent :

— Tu vas me détruire les habitations qui se trouvent dans cette région, ordonna le génie du vent au cyclone. Tu ne dois rien laisser de vivant sur ton passage, dès ce soir. Demain, à l'aube, je repasserai voir ce que tu auras accompli comme ouvrage.

Le petit oiseau, qui avait tout entendu, s'envola vite prévenir son libérateur. Affolé, il battait des ailes de

1. Mélise : génie aérien féminin plein de beauté et de grâce, dans la mythologie négro-africaine. Fig : Femme d'une beauté éblouissante. Créature féminine de rêve.

toutes ses forces pour aller plus vite que d'habitude. Il arriva très essoufflé sur le toit de son ami. Ce dernier l'aperçut et s'approcha de lui :

— Tu peux te flatter de connaître notre langue, dit le souimanga ; mais cela m'est égal, pourvu que tu t'en serves pour aider les tiens. Je viens te signaler que ce soir la tempête va anéantir tous vos villages. C'est le génie du vent qui l'a décidé. Si tu peux faire quelque chose pour sauver tes proches, c'est le moment.

— Que me dis-tu là, mon ami ? s'écria l'homme.

— Le temps avance ; il faut faire vite. Nous parlerons longuement plus tard. Pour l'instant, tu dois faire de ton mieux et de mon côté, je vais secourir les miens. Nous ne sommes pas encore au bout de nos peines.

Le souimanga, ensuite, prit son vol par-dessus les arbres. Quant à l'homme, il ne perdit pas de temps. Il informa le chef coutumier de l'approche du typhon. Le chef à son tour fit immédiatement venir le plus grand magicien du pays et lui intima l'ordre d'agir.

Le sorcier sortit au milieu de la cour, psalmodia des paroles secrètes et jeta de la salive sacrée sur le sol. A cet instant précis, tous les êtres humains se changèrent en grains de sable profondément enfouis dans la terre.

Le vent commença à s'agiter ; les tourbillons grossissaient et de grands nuages noirs se massaient dans le ciel. Dans le lointain brillaient les éclairs, un ouragan terrible se préparait. Soudain, il y eut une fracassante détonation. Le cyclone arrachait tout sur son passage et l'emportait à travers les airs.

Le souimanga fut secoué et perdit ses plumes et son équilibre. Il se balançait désormais dans le courant aérien, dans un vol désordonné. Les vagues d'air froid, se dressant comme de grandes collines, tantôt le faisaient virevolter entre eux comme une feuille séchée, tantôt l'élevaient sur leur cime. Il comprit le danger et essaya de prendre garde aux coups de vent chaud et aux débris des maisons détachés qui parcouraient le ciel comme des feux follets. Par moments, il se faisait une telle obscurité qu'il ne distinguait absolument rien ; d'autres fois, les éclairs lui rendaient visibles les détails du désastre sur terre. L'agitation était à son comble sur toute la région ; encore un coup de tonnerre ! Le petit oiseau tomba mort dans le village qu'il venait à peine de quitter.

La tourmente se poursuivit des heures durant...

Le lendemain matin, le beau temps était revenu mais il ne restait plus rien des belles maisons, des champs verdoyants et des grands monuments. Les hommes reprirent leur apparence et furent bien surpris du désert qu'ils trouvèrent.

L'initié qui contemplait les débris de sa demeure aperçut le petit oiseau mort, foudroyé. Auprès de lui pleurait une fourmi. L'homme se pencha sur le cadavre et fondit en larmes. Il avait un profond chagrin. Surpris dans ses malheurs par sa conjointe, il ne savait pas lui expliquer pourquoi il pleurait avec autant de douleur :

— Comment puis-je croire en toi, lui dit sa femme, si tu ne me confies pas le secret qui te hante ?

Alors l'homme se résigna à dire à sa compagne ce qu'il avait appris. Dès qu'il lui eut tout révélé, il devint sourd-muet...

Et personne n'aurait jamais connu cette histoire, si la fourmi qui était là n'était passée me la confier, un soir de veillée nocturne...

Le spectre de la sorcière

A une époque lointaine vivait une sorcière qui se rendait fréquemment à des sabbats.

Chaque fois, elle était obligée d'abandonner son corps dans son lit. Son mari, un brave homme apprécié des voisins, ignorait tout de son étrange épouse. Ils avaient aussi trois beaux enfants qui animaient la maison de leurs jeux et de leurs rires.

Un jour, l'aîné tomba gravement malade. Les guérisseurs vinrent nombreux mais ne purent malheureusement le sauver. Il trouva donc la mort après une longue agonie. Le couple en fut profondément affecté et organisa de grandes funérailles.

Quelques années plus tard, il perdit son second fils. C'est ce jour-là qu'un des proches révéla au bûcheron que la sorcière, son épouse, offrait ses petits à des comparses.

Le père, fou de douleur, ne le crut pas mais décida néanmoins de surveiller l'accusée, afin de s'en rendre compte par lui-même. Des années passèrent, jusqu'à ce que le seul enfant qu'il leur restait fût atteint à son tour d'un mal inexpliqué. Le soir venu, l'époux ne ferma pas l'œil.

A minuit, lorsque les oiseaux peuplent l'ombre de

leurs hululements, à la lueur d'une lune blafarde, un vent léger vint ouvrir les fenêtres. L'atmosphère devint glaciale et angoissante. Le bûcheron qui observait attentivement sa compagne fut bouleversé par ce qu'il aperçut : au-dessus du lit, s'était matérialisé et se détachait le spectre de la sorcière...

Les yeux de celui-ci s'ouvraient sur la nuit, tandis que ceux de la dormeuse étaient clos. Elle avança, immatérielle, vers la porte de la chambre qui s'ouvrit sur son passage. Un courant d'air pénétra dans la pièce et souleva les stores. Elle s'éleva ensuite vers la voûte étoilée, éclairée par la lune. Croyant vivre un horrible cauchemar, le mari se pinça pour s'éveiller et toucha le corps immobile ; mais celui-ci était plongé dans son sommeil magique. Alors, il tenta violemment de réveiller sa femme mais elle ne manifesta aucune réaction de vie.

Vite, il s'habilla et suivit discrètement le fantôme qui se déplaçait dans la nuit. Arrivé au bord d'un marigot, il aperçut une grande lueur. En s'approchant davantage, il discerna à travers la brume un groupe de sorcières hideuses, accroupies au coin d'un brasier. L'une d'elles, qui semblait être la plus âgée, prit la parole et éructa en direction de la nouvelle venue :

— Chacune de nous, excepté toi, a déjà fait le don annuel d'un membre de sa famille. A ton tour de nous donner un des tiens en sacrifice... Ton dernier fils, par exemple !

La femme du bûcheron promit d'apporter l'âme de son unique enfant à la prochaine veillée nocturne.

Son époux n'en croyait pas ses oreilles. Horrifié, le pauvre courut chez lui dans la crainte d'être surpris. Etreint par la peur, il fit néanmoins semblant de dormir. Dès le premier chant du coq, la dame revint et son âme réintégra le corps. Au réveil, l'homme ne lui parla de rien, dissimulant sa découverte. Mais désormais au courant du lieu et de l'instant au cours duquel leur fils serait sacrifié, il décida de réagir. Il se procura armes et gris-gris protecteurs.

Le fameux soir venu, il feignit un sommeil profond et suivit sa compagne dès son départ. Il s'était armé et comme le préconisait la tradition, il avait placé une calebasse d'eau devant la porte de chaque maison afin d'empêcher les sorcières de rejoindre leur corps au petit matin.

Arrivé au bord du marigot, il prit ses armes et lança l'attaque. Sa sagaie fit de nombreuses victimes ; quelques-unes réussirent cependant à lui échapper.

Mais au terme d'une course effrénée, elles ne purent pénétrer chez elles, car l'eau, symbole de pureté, leur bloquait toute issue. Elles disparurent donc à tout jamais, tandis que leur enveloppe charnelle perdait la raison...

Le vaillant prédestiné

Il était une fois un pays paisible, situé au bord d'une mer immense et dévoré par le bleu du ciel... La brise y était fraîche et berçait les palmiers. La population y vivait de la pêche.

Or, un jour, un enfant lança sa ligne dans la petite crique où tous travaillaient et fut attiré dans le lagon... Le poisson qu'il avait taquiné était énorme : il l'avala, ainsi que ceux qui nageaient. Les villages et les villes proches, qui autrefois respiraient la vie, devinrent déserts, tels des lieux maudits...

L'une des familles de la contrée avait neuf fils. Les parents étaient satisfaits de tous, sauf du deuxième qu'ils trouvaient fainéant. Ils le comparaient sans cesse à ses frères. Tout le monde se moquait de lui, l'assimilant au gourmand boa qui, lorsqu'il a mangé, dort une semaine entière pour digérer sa proie...

L'aîné partit un matin en pirogue faire son travail habituel. Quand il fut au large, son esquif fut renversé par un animal marin qui l'engloutit aussitôt. Ses autres frères, sauf le paresseux, qui pêchaient dans les environs, partirent immédiatement à sa recherche, mais ne revinrent jamais...

Les parents, qui n'acceptaient pas que le sort leur

ait laissé celui qu'ils aimaient le moins, pleuraient. Le père partit en quête de ses disparus mais ne donna plus signe de vie. Seuls survivaient la maman et l'idiot de la famille. De nombreux jours s'écoulèrent... La veuve éplorée s'enferma dans son malheur. Nuit et jour, elle pleurait ses morts et regrettait d'avoir un inutile qui ne pouvait rien pour les siens...

Attristé par ce chagrin, le jeune homme lui dit :

— Cesse de pleurer... Je sais que tous sont vivants. Je m'en vais à leur rencontre et je te les ramènerai. Mais surtout, quel que soit le temps qui s'écoulera, quelles que soient les nouvelles que tu recevras, ne verse pas une larme, car un seul sanglot suffirait à nous retenir tous au pays de la Mort où je m'en vais les rejoindre.

Il prononça ces paroles d'un ton si péremptoire que la mère comprit qu'il connaissait les secrets de l'existence et était destiné à une tâche grandiose. La femme promit donc d'observer ses recommandations. Il prit pour tout bagage un pot de sel et une lame de rasoir, et partit pour le rivage, d'où il appela le monstre. Celui-ci fit bientôt écumer la mer et sortit la tête des flots :

— Que veux-tu ?

— Je désire que tu me rendes ma famille en échange de cette énorme pièce d'or.

Emerveillé par l'éclat que jetait la pièce, le mangeur d'hommes accepta. A cet instant précis, la mère repensa à tous ses disparus et sanglota de désespoir. Or, ces larmes eurent sur l'animal un effet maléfique. Furieux, il refusa l'offre et, à la place, avala le garçon.

Arrivée au cœur des entrailles de l'animal, cette dernière victime resta bouche bée : tout le village englouti y était reconstitué, peuplé de ses habitants bien vivants, occupés chacun par son métier. Il vit d'abord le tisserand qui filait les algues avalées par le monstre et en confectionnait des étoffes de tous les verts. Sur le marché, où se vendaient essentiellement des produits de la mer, il retrouva les siens.

Les premiers instants d'émotion passés, ils décidèrent de passer à l'action... Le courageux jeune homme résolut d'ouvrir le ventre de la baleine avec sa lame de rasoir, tandis que ses frères enduisaient les coupures du sel qu'il avait apporté, les empêchant ainsi de se refermer. Après bien des efforts, ils virent l'eau s'engouffrer dans le corps de la bête : ils avaient atteint leur but ! Le garçon maintint l'ouverture béante et les captifs s'enfuirent. Bientôt libérés, ils atteignirent à la nage le sable de la crique, échappant ainsi aux remous que provoquait l'agonisant. Celui-ci se noya rapidement, avec, dans son sillage, une traînée vermillon...

Les habitants regagnèrent leur village, sauf le sauveur et sa famille, retenus prisonniers par le sortilège et les larmes de la veuve. Inquiète de leur absence, celle-ci se rendit chez un devin qu'elle pressa de questions. Il lui rappela les paroles du fils mais lui suggéra tout de même de faire des présents à la mer à chaque coucher de soleil.

Tous les soirs, la pauvre femme vint déposer des offrandes sur la grève, priant pour que ses disparus reviennent.

C'est à la troisième lune que le sortilège fut rompu : sur les vagues argentées apparurent, dans les lueurs roses du couchant, les derniers rescapés...

Ainsi, celui que tous avaient rejeté et traité avec mépris était en fait promis à des voies supérieures, à sauver son peuple de sa triste destinée.

Depuis, il est adulé par tous les siens.

Le prince Muntu

Au pays du soleil levant, là où les femmes couleur safran avancent à petits pas, enrubannées comme des cadeaux dans des kimonos de soie étincelante, vivait une très jolie reine aux yeux bridés.

Un jour, le roi son époux succomba après un festin trop copieux et la reine éplorée devint veuve. Après l'enterrement, qui se fit en grande pompe et qui rassembla tous les membres de la cour, un deuil national fut proclamé pour six mois.

Au terme de l'attente, la reine décida de se remarier car elle détestait la solitude. Elle fit annoncer sa décision par tous les hérauts du royaume et la nouvelle se répandit bien vite tel un feu de brousse, par-delà les frontières.

Les sollicitations affluèrent de toutes parts et de nombreux princes étrangers entreprirent le grand voyage par monts et par mers, afin de tenter leur chance auprès de celle que l'on appelait partout la divine splendeur.

Au palais, l'ambiance était à la fête, jour après jour les bals masqués succédaient aux festins... Les invités étaient déguisés en chats, en cigognes et autres personnages surprenants.

Or l'un d'entre eux fit sensation, dans cet univers excentrique où pourtant personne n'était étonné de rien... Il s'agissait d'un géant, haut de six pieds, fort comme un lion, noir comme l'ébène, arborant des cheveux comme de la laine, et qui portait pour seul déguisement une minuscule peau de léopard. Les uns lui demandèrent le nom de son costumier, d'autres la composition de sa teinture, tandis que les derniers s'enquéraient du nom de son fourreur... Il les regardait tour à tour étonné et amusé, pendant que les jeunes filles détournaient pudiquement le regard de son corps musclé si peu vêtu.

La dame d'honneur de la reine vint s'informer du but de sa visite :

— Je m'appelle Muntu [1] et suis Prince des Bantous. Mon peuple habite loin, par-delà les mers, au pays des gazelles. Je suis venu solliciter la main de votre Majesté.

A ces mots, le silence se fit. Dans tout le palais, on n'entendit plus que le vol des mouches et le craquement des os sous les dents des chiens. La reine saisit son face-à-main et examina le roi du pays des gazelles.

— Mm... Oui... Oui, dit-elle. Quand bien même j'apprécie votre originalité, je remarque tout de même un seul défaut dans votre allure. Vous n'avez pas les yeux bridés... C'est très regrettable, et pour cette raison, vous ne convenez pas.

Le guerrier se redressa sous l'affront et dit :

— Ô Grandeur d'Orient, je souhaite vous prouver ma bravoure car je suis plus courageux qu'un lion... Mettez-moi à l'épreuve ! Si j'échoue, je serai votre ser-

1. Muntu : c'est-à-dire l'homme à la peau couleur de terre.

viteur et mon royaume sera le vôtre, mais si je réussis, vous serez mon épouse soumise.

Alors que toute la cour s'apprêtait à refuser le pari, un conseiller jaloux qui savait que la reine initiée à l'art de la magie possédait le pouvoir de se dédoubler à l'infini, s'écria :

— Majesté, vous pourriez vous multiplier et nous obligerions ce prétentieux à vous découvrir parmi vos multiples sosies ! Bien malin s'il y réussit !...

La belle régnante accepta, ravie du jeu, mais tandis que tous les invités applaudissaient, l'Africain, lui, se tordait les mains d'inquiétude, car l'énigme lui semblait bien difficile à résoudre.

Cependant, alors qu'il s'asseyait dans un angle de la pièce, son attention fut attirée par une mouche qui bourdonnait en se débattant au centre d'une énorme toile d'araignée. Pris de pitié, il la saisit par une aile et la libéra. Reconnaissante, la mouche se posa sur son oreille et, alors qu'il allait la chasser, elle lui murmura tout bas :

— Puisque tu m'as sauvé la vie, je me poserai sur le nez de la reine afin que tu puisses l'identifier.

Surpris mais confiant, il remercia la mouche pour son offre et attendit les événements.

Tout à coup apparurent de merveilleuses jeunes filles aux yeux de braise, au teint mat, à la chevelure de jais, que rien ne pouvait distinguer les unes des autres. Elles s'inclinèrent d'un même mouvement vers la cour qui, alors, pria le prince noir de s'exécuter. C'était la reine qui se dédoublait sans fin. A cet instant, la mouche s'envola et se posa sur le petit nez d'une des beautés, que notre ami désigna par ces mots :

— La voici !...

Un murmure d'étonnement parcourut la salle.

— Majesté, j'ai gagné... Quand vous épouserai-je ? s'informa le bel Africain, un sourire aux lèvres.

— Je ne vous épouserai qu'à la condition que vous traversiez le fleuve du Levant sans vous mouiller et sans utiliser ni pont ni bateau, répondit la jeune veuve.

Déçu et grommelant entre ses dents, le guerrier sortit sous les rires moqueurs des prétendants jaloux. Le parc regorgeait de grappes de fleurs rouges, jaunes, roses et blanches... Les cyclamens voisinaient avec les roses, les œillets, les corettes, les azalées mauves et lourdes. Le parfum qui s'en dégageait saoulait les insectes butineurs et embaumait l'air tiède, ondoyant sous la main du vent.

Voyant que l'on se jouait de lui, le prince s'assit sur une pierre au bord de l'eau, la tête entre les mains. Il perçut alors un bruissement dans les feuilles et tourna la tête : une énorme tortue aquatique le regardait d'un œil fixe.

— Te souviens-tu de moi ? lui dit-elle. Je suis la tortue que tu as sauvée hier d'une mort affreuse... Souviens-toi : de méchants enfants m'avaient renversée sur le dos, quand tu m'as retournée en trébuchant sur moi comme sur un caillou. Je sais que la reine s'est moquée de toi, mais sois assuré de mon aide.

Traînant sa carapace d'un pas lourd vers le fleuve, elle glissa dans l'onde et, s'ébrouant, appela ses amies à la rescousse. Des dizaines de tortues apparurent et se soudèrent les unes aux autres afin de former un pont, joignant les deux rives du fleuve. Radieux, le prince noir put, grâce à elles, traverser l'eau et arriver sur l'autre rive. Il remercia chaleureusement ses généreuses amies, puis joignant les deux mains, il appela les invités. Ceux-ci n'en croyaient pas leurs yeux. Effrayée, la reine exigea de son ministre de trouver une épreuve insurmontable pour ce concurrent surprenant :

— Si vous tenez vraiment à notre divine reine, dit-il, vous devez pouvoir planter un champ de bananes qui pousseront en une nuit. Demain, dès l'aube, sa Majesté, Messieurs les Ministres et moi-même viendrons cueillir les fruits... S'ils ne sont pas mûrs, nous vous offrirons aux dragons. Si vous réussissez, plus rien ne fera obstacle à votre alliance.

Redressant les épaules, Muntu accepta afin de sauver son honneur, tout en se demandant quel stratagème il allait utiliser. Il fit appel, par des prières, aux mânes ancestrales qui très vite dépêchèrent le génie du vent à son secours.

— Que puis-je pour toi ? interrogea l'envoyé des aïeux.

— Ce soir, on m'oblige à planter une bananeraie dont les fruits doivent être mûrs au lever du jour, répondit-il, inquiet.

— C'est peu de chose, le rassura le bon génie. Va, rentre chez toi et dors, car au chant du coq, le travail sera achevé...

Il s'en alla dormir, espérant un miracle pour le réveil.

Le génie du vent, quant à lui, fit venir les siens et leur expliqua l'urgence de la situation. Tous, sans exception, se mirent à la besogne. Aussi, durant toute la nuit, ils déracinèrent dans le monde entier les bananiers dont les fruits jaunes et mûrs ressemblaient aux fleurs de jonquilles. Ils vinrent ensuite les planter dans le jardin royal. Leur ouvrage fut si soigneux, si parfait, que le champ semblait exister depuis toujours. A l'aube, dès les premiers rayons, la reine ouvrit sa fenêtre, et quel ne fut pas son étonnement de constater qu'un régime de bananes pendait à portée de sa main. Elle en saisit une, parfaitement mûre, en écarta la peau et la goûta.

Touchée par la persévérance, le courage et l'originalité du prince des savanes, la reine frappa des deux mains, appela ses domestiques, revêtit ses plus beaux atours et se rendit dans son char d'argent à la demeure de celui qui venait d'accomplir une telle prouesse. Elle pénétra dans son logis et alors qu'il émergeait à peine d'un profond sommeil, elle lui demanda de l'épouser, car jamais homme plus courageux n'avait régné sur l'empire sacré.

Ravi, notre héros accepta, tout en glorifiant ses amis bienfaiteurs, les génies du vent, et sans oublier ses ancêtres défunts.

L'histoire rapporte que depuis, à la cour du soleil levant, la dernière mode consiste à porter des kimonos en léopard...

Le caracal, le potto et l'impala

Un jour, le caracal invita le potto à l'accompagner voir sa belle-famille. Enchanté par l'invitation, ce dernier accepta de faire le voyage. Ils se mirent donc en route et emportèrent de nombreux cadeaux, entre autres des colliers d'ivoire, sans oublier la traditionnelle cruche de vin de palme. Le caracal, qui était très gourmand, était convaincu qu'avec ces quelques présents, ses beaux-parents ne pourraient que se montrer gentils avec lui et lui offrir beaucoup de viande fraîche.

Le trajet était long. En cours de route, après plusieurs jours de marche, le félin s'adressa à son compagnon :

— Lorsque nous serons arrivés au village de ma femme, tu mangeras tous les mets qui nous seront servis ; je me contenterai des fruits d'un arbre dont je t'indiquerai l'emplacement. Chaque fois que j'aurai faim, tu iras m'en chercher.

Bien vite, ils sortirent de la savane. Juste à l'entrée du village se dressait un mandarinier.

— Regarde. Il s'agit là de l'arbre dont je t'ai parlé.

Puis, ils entrèrent au village où ils furent bien accueillis. Le soir, on leur offrit le gîte et le repas. Le caracal fit signe à son ami d'aller lui cueillir quelques mandarines. Le potto s'en alla donc. En son absence, le glouton dégusta la nourriture, et tenté, dévora le tout. De retour, le potto ne put que constater qu'il ne restait rien à manger pour lui.

Et le caracal de l'informer :

— Ma belle-sœur est venue débarrasser le repas. Je ne pouvais lui dire où tu étais allé. Aussi, nous devrons nous contenter des fruits que tu viens de rapporter.

Naïf, le petit animal ne protesta guère et dut apaiser sa faim avec quelques malheureux fruits.

La nuit tomba bien vite et les hiboux hululaient dans les ténèbres. Les deux visiteurs furent heureux qu'on leur indique leur chambre où, aussitôt couchés, ils furent plongés dans un sommeil paisible. La nuit était profonde et le calme régnait à présent au village. Tout le monde semblait dormir, ou presque, car une ombre filait le long des cases. C'était le caracal, toujours en quête de quelque nourriture à se mettre sous la dent. Il partit vers une ferme proche et y dévora une chèvre avec grand appétit. Il versa le sang frais de sa victime dans une cruche qu'il emporta jusqu'à la chambre qu'il partageait avec son compagnon. Très rusé, il eut la plus méchante idée qui soit : vider le contenu de son récipient sur son camarade plongé dans un sommeil de pierre. Et c'est bien ce qu'il fit.

Au petit matin, alors que le village entier s'était déjà éveillé, un enfant fut envoyé convier les deux invités de marque au déjeuner. Le caracal sortit rapidement de la case, devançant ainsi le potto. Ce dernier, en voulant se lever, se sentit prisonnier du lit : son corps y était collé par le sang coagulé.

— Bon Dieu, s'écria-t-il, me voici tout couvert de sang dont j'ignore l'origine. Comment dois-je l'expliquer à mes hôtes ?

Pendant ce temps, le félin son compère affirmait aux gens du village avoir passé une excellente nuit et que rien n'était venu troubler son sommeil. A la question de savoir ce qu'il était advenu de son compagnon, il répondit qu'il l'avait précédé, croyant qu'il allait le suivre rapidement. Comme il tardait à le rejoindre, il exigea qu'on le fasse appeler. On alla donc jusqu'à sa case. La vue du potto tout couvert de sang sema la stupéfaction parmi les villageois. Rapidement la nouvelle que l'on avait enfin identifié celui qui, chaque nuit, accomplissait un carnage, se répandit.

On lui réserva alors un bien misérable trépas ; tandis que le caracal qui, aux yeux de tous, restait honnête, recueillait des compliments.

De retour à son village natal, le caracal annonça à la famille du potto les circonstances de sa mort : surpris en flagrant délit de vol, il avait dû subir le sort réservé à ceux qui violent les lois de la communauté.

Plusieurs jours plus tard, le félin s'en alla trouver l'impala et le pria à son tour de partager sa route vers le pays de sa promise. Mais la petite gazelle connaissait les mœurs douteuses du caracal et refusa énergiquement d'être du voyage.

Le caracal revint maintes fois, insistant davantage. L'antilope à la peau brune finit par accepter. Ils se mirent donc en chemin, et au bout de cinq jours de marche aboutirent enfin au village de la femme du félin. On leur prépara un dîner remarquable et le soir, après souper, on les logea ensemble. En pleine nuit, le caracal sauta de son lit et réveilla son ami.

— Comme nous n'avons pas assez mangé, dit-il, je vais aller chercher un peu de nourriture dehors. Si tu entends les moutons bêler, « bêe, bêe, bêe ! », toi, tu dois crier : « Impala, impala, quand cesseras-tu de voler, tu n'as pas honte ? »

L'animal consentit à respecter cette recommandation.

L'autre s'en alla vers l'étable et là, il s'en prit à un mouton. A cet instant, tout le bétail se mit à crier : « Bêe, bêe, bêe... » L'impala lança alors à haute voix :

— Toi, caracal, tu es un méchant bandit... Tu voles déjà chez nous, et même dans le pays où tu es traité comme le plus vénérable des invités, tu conserves tes mauvaises habitudes sans la moindre honte. C'est ainsi que tu as entraîné ton ami potto vers une mort qu'il ne méritait pas !

En entendant ce discours inattendu, le voleur effrayé revint vite dans la case qu'il partageait avec la gazelle qu'il blâma.

— Mais je n'ai fait que répéter les paroles que tu m'as ordonné de proclamer, lui fit-elle remarquer.

Le caracal finit par être convaincu qu'il avait dû mal entendre. Sa gourmandise le poussa à retourner vers l'étable où il fit cette fois une victime. Il se régala de la chair fraîche du mouton. Puis, il remplit du sang de l'animal une calebasse qu'il transporta jusqu'à sa chambre. Pensant que son ami sommeillait profondément, le caracal prit le vase de sang de mouton et le glissa sous le lit de l'impala. Celui-ci, en fait, feignait de dormir en ronflant très fort. Il avait gardé un œil entrouvert et avait tout vu des manœuvres diaboliques de son compère qui, une fois son forfait accompli, se plongea dans des rêves profonds.

— Ha ! Comme il est bête, se dit le vigilant animal. Il veut me jouer un très méchant tour et croit que je suis dupe à ce point. Puisque c'est ainsi, il aura demain matin la surprise qu'il mérite !

L'impala retira le récipient de son coin, versa son contenu sur le dormeur, puis veilla la nuit entière.

A l'aube, la brume commença à disparaître. Le temps s'annonçait doux. Les arbres et les cases du village se débarrassaient petit à petit de l'obscurité. Bien vite, le ciel devint gris et le soleil matinal se montra à l'horizon. Les habitants du village sortirent de leur demeure, soit pour aller aux champs, soit pour mener leur troupeau paître. Cependant, parmi les bruits qui succédaient au silence de la nuit, un cri plaintif : c'était celui du berger indigné dont on avait égorgé un mouton. Très vite, on rassembla les habitants pour découvrir le coupable. L'impala trouva ce moment très opportun. Il sortit et se mêla à la foule irritée. C'est à ce moment précisément qu'on l'interrogea sur son compagnon :

— Il dort encore, dit-il. Bien sûr qu'il est fatigué par son festin d'hier soir. Je l'ai vu massacrer votre bétail et j'ai crié « au voleur » plus d'une fois ; malheureusement, personne n'a réagi.

Les membres de la tribu comprirent enfin pourquoi les vols n'avaient lieu que durant le séjour du caracal chez eux.

Sans plus tarder, on alla le trouver dans son lit.

Là, leur colère fut encore plus grande. Le félin avait honte de se montrer : le sang recouvrant son corps était une preuve irréfutable de sa culpabilité.

Il fut jugé. Reconnu coupable, il fut châtié pour tous ses méfaits.

Le génie du lac

Jadis vivait un roi adoré de son peuple. Il avait deux épouses et de nombreux descendants.

Un jour, l'une d'elles, sa préférée, qui était jeune et belle, s'éprit en secret d'un prince voisin, tandis que l'autre décidait de s'approprier leur royaume et ses richesses, afin d'assurer sans risque l'avenir de ses enfants.

Les deux gredines décidèrent dès lors de se débarrasser du mari. Elles proposèrent à ce dernier une partie de chasse. Enchanté, celui-ci apprêta ses armes et partit avec ses compagnes. Ils marchèrent longtemps et s'enfoncèrent dans les sous-bois. Une fois au cœur de la forêt, ils organisèrent la battue et capturèrent un abondant gibier.

Le soir venu, alors qu'ils se préparaient à regagner leur demeure, les femmes proposèrent une visite au lac enchanté : en effet, le soir, au coin du feu, les griots racontaient que juste avant le coucher du soleil, une merveilleuse sirène aux longs cheveux d'or venait entonner des chants magnifiques, assise sur une pierre immaculée émergeant au centre du lac.

Ravies et curieuses de découvrir ce mystère, les deux complices entraînèrent leur époux dans l'aventure.

Au détour d'un chemin apparut le miroir du lac, resplendissant sous la clarté de la lune. Il reposait dans un écrin de verdure ; des grappes de fleurs rouges se penchaient sur lui. Des flamants roses se miraient dans son eau. Un parfum de goyaves et d'ananas sauvages se mêlait aux senteurs de la nuit. La brise du soir ridait doucement la surface du lac, au milieu des murmures de la forêt environnante.

Hélas, à leur arrivée sur le rivage, les deux dames poussèrent l'innocent dans les eaux profondes où il se noya. Lorsqu'elles virent crever les dernières bulles produites par les hoquets du malheureux, elles regagnèrent le palais, satisfaites. Elles se montrèrent très émues et affectées de sa disparition. Elles firent savoir au peuple que le monarque, victime d'un mal mystérieux, avait choisi d'aller mourir loin de ses sujets afin d'éviter la contagion. Elles proclamèrent le deuil national, auquel vinrent participer plusieurs chefs d'Etats étrangers.

Aussitôt les cérémonies terminées, la plus jeune épousa le prince dont elle s'était entichée ; l'autre succéda au disparu et fut sacrée reine.

Mais... le roi que l'on croyait mort ne l'était pas tant que ça ! En effet, la belle sirène venue égrener ses chants comme à chaque crépuscule l'avait aperçu au fond du lac, tournoyant. Elle se souvint que les hommes ne pouvaient pas vivre dans l'eau... Et celui-ci agonisait ! Alors, pour le sauver, elle fendit les eaux jusqu'au roi et le saisit juste au moment où ses forces commençaient à l'abandonner et qu'il fermait les yeux, au seuil de la mort. Elle l'entraîna dans un palais étrange où l'eau ne pénétrait jamais ; l'air y était doux et frais comme aux heures agréables d'une journée ensoleillée sur terre, bien qu'il fût bâti sous des sombres nappes d'eau.

La jeune sirène allongea son protégé dans une pièce chaude et lui prodigua les premiers soins. Quand il s'éveilla, la superbe créature vêtue de rose, une couronne garnie de diamants posée sur ses cheveux de soleil, se tenait auprès de lui. Ses yeux noirs le fixaient gaiement. Le rescapé expliqua à son hôtesse qui il était, et pourquoi il se trouvait là :

— Que vas-tu faire maintenant ? lui demanda-t-elle, curieuse.

— Je l'ignore. Tout ce que je sais, c'est que j'ai vieilli et mon âge m'empêche d'espérer changer quoi que ce soit en rentrant chez moi.

— Dorénavant, tu vivras ici.

Le vieil homme accepta l'offre avec gratitude. La belle demoiselle lui fit alors visiter sa nouvelle demeure aquatique. Caché au centre du lac, dans la blancheur du sable fin, le palais s'élevait tel un coquillage de cristal. En son cœur, luisait un énorme diamant qui captait et décomposait les rayons du soleil, éparpillant ainsi toutes les couleurs de l'arc-en-ciel. Le bâtiment resplendissait des mille feux de ce joyau. A l'extérieur, une barrière de corail rouge sombre le protégeait, partageant les eaux en bleu nuit et bleu turquoise. Le bruissement des flots était une musique douce et envoûtante sur laquelle chantaient les innombrables sirènes qui peuplaient ce royaume. Les vibrations de la voix humaine parvenaient à l'oreille de ses habitants tel le chant d'une mère aux oreilles de l'enfant qu'elle porte en son sein.

Le roi s'installa donc dans ses appartements et commença une nouvelle vie.

Mais sur la terre ferme, le destin des deux meurtrières avait tourné au tragique : celle qui avait épousé son prince charmant fut victime de l'attirance qu'il ressentait pour d'autres courtisanes. Elle fut répudiée.

Quant à la reine, ses dépenses fastueuses et inutiles ruinèrent son peuple qui se révolta et déclencha une guerre civile. Elle fut expulsée du pouvoir ; exilée, elle dut désormais se résoudre à mendier. Il ne restait dans ce royaume que pauvreté et désolation.

Bien sûr, le roi ignorait tout cela et regrettait son règne passé. Toutes les nuits, son hôtesse l'entendait arpenter les couloirs en soupirant. Lassée, elle lui demanda un jour s'il voulait retourner chez lui. Il reconnut que tel était son désir et bien qu'il lui fût très reconnaissant, son devoir l'appelait.

Il partit donc. Il remonta à la surface dans un coquillage nacré traîné par deux énormes poissons. Lorsqu'il atteignit le rivage, une immense joie l'envahit. Mais elle fut de courte durée, car la route du retour ne lui offrait que maladie, misère et mort. Tous les princes héritiers avaient été exterminés ; le bruit courait qu'une malédiction planait sur la famille royale et le pays tout entier.

Déçu de ce qu'il voyait, il résolut de retourner auprès de sa charmante amie. Alors qu'il reprenait le chemin du lac, il croisa une vieille mendiante, horrible, couverte de plaies, sale et malheureuse. Elle s'accrocha à ses somptueux vêtements, le suppliant de lui donner l'aumône. Elle s'écroula en prononçant des paroles incohérentes.

— Ce n'est pas possible, je perds la raison... Il est mort depuis de longues années...

Ses larmes coulèrent, sillonnant son visage ridé.

— Vous ressemblez, dit-elle, à un monarque que j'ai beaucoup aimé jadis et qui s'est noyé dans un lac à cause de la folie de deux ambitieuses.

Frappé de stupeur, l'homme reconnut l'une de ses compagnes d'autrefois. Horrifié mais magnanime, il tira une bourse de sa poche et la lui donna. Celle-ci renfermait une petite fortune en pièces d'or. Puis il s'enfuit, le cœur inondé de douleur et rejoignit enfin les bords du lac.

La lune venait d'apparaître dans le ciel et le chant triste de la sirène montait dans le vent du soir. Elle pleurait l'absence de celui qu'elle avait appris à aimer et soupirait, accompagnée par un souimanga solitaire.

Le monarque appela et sa voix grave comme un éclair trancha la nuit. Le chant s'arrêta et la petite sirène accourut. Ses cheveux d'or flottaient tels une gerbe de soleil à la surface de l'eau. Elle s'élança à son cou et blottit son visage aussi mouillé par les larmes que par l'eau contre son épaule. Il la supplia de l'emmener avec elle au sein des ondes. Pour toute réponse, elle l'embrassa de ses lèvres vermeilles. Il sombra immédiatement dans une absence étrange. Quand il ouvrit les yeux, il comprit que son vœu avait été exaucé.

Depuis, lui et sa merveilleuse compagne aquatique vivent heureux et immortels au fond d'un lac lointain et enchanté...

Menji l'inspiré

Un jeune homme nommé Menji voulait acquérir la sagesse immortelle. Il courut le monde pour la trouver mais l'entreprise était bien plus complexe qu'il ne l'avait pensé. Après avoir parcouru les continents, il rentra chez lui, fatigué. Il ne pensait plus pouvoir conquérir le grand savoir, jusqu'au jour où, dans un rêve, sa grand-mère lui annonça que la vraie connaissance était détenue par Dieu.

Après cette révélation, il s'en alla trouver un vieillard dont l'existence lui avait été dévoilée par le songe, afin de savoir comment il pouvait se rendre chez l'Ancêtre divin. A son arrivée, le vieil homme s'informa de ce qu'il désirait.

— Je veux, lui dit-il, accéder au savoir absolu.

Le vieillard l'examina avec soin et lui trouva un regard intelligent. Il lui dit :

— Tu as le droit d'apprendre, mais le chemin de la connaissance est périlleux et difficile. Tous ceux qui ont essayé mais qui n'étaient pas prêts en sont morts. Cependant, si tu es décidé à affronter le péril, je vais te conseiller de mon mieux.

— Je suis déterminé, répondit-il, rassurant.

— Mon aide ne te sera guère utile là où tu dois

aller, expliqua le vieux sage, car seul ton courage comptera. Dieu habite la région où le soleil s'endort et il te faudra suivre l'astre de jour pour découvrir ta route. Mais prends garde : quel que soit le charme des femmes que tu rencontreras, n'en touche pas une... Quand tu auras acquis le bien suprême et que tu quitteras l'Éternel, souviens-toi d'une seule chose : ne te retourne jamais, sous aucun prétexte ou pour quelque raison que ce soit ; sinon un grand malheur te frappera.

Le jeune homme se mit en route en direction du pays où le soleil prend sa retraite et renouvelle sa splendeur. Il marcha longtemps et rencontra de nombreux obstacles sur son chemin... Il affronta la peur, la terreur des ténèbres et contempla la face ravagée de la mort. Plus d'un humain serait revenu sur sa décision, mais il vouait une entière confiance aux songes de sa grand-mère. Celle-ci l'assurait en effet qu'il était l'élu de Dieu...

Puis il arriva chez l'Ancêtre. Les gardiens le conduisirent devant le maître du monde dont l'apparition déclencha une tempête d'éclairs dans son immense sanctuaire. Il lui parla en ces termes :

— Sois le bienvenu, fils, et dis-moi quel est l'objet de ta visite.

— Je veux, répondit le jeune homme, obtenir l'illumination.

L'Ancêtre, qui était entouré de ses trois filles, accomplit un geste rituel et le bénit en prononçant ces paroles :

— Ainsi sera illuminée ta pensée qui créera et gouvernera l'univers vivant. Elle sera ta source de raison et de connaissance, ta faculté artistique, philosophique et scientifique, ton imagination et ta mémoire. Sera également sacrée ta volonté, énergie dynamique de l'action, source de sentiments tels que la générosité et l'amour, et siège de tes émotions. Enfin, ton corps, acte de présence au monde matériel, permettra à ton âme d'agir sur la matière vivante. Il sera également la source de tes plaisirs et de ta plénitude, si tu respectes ma parole.

Ainsi parla l'Ancêtre originel à son élu.

Puis il fit signe à ses filles d'initier celui qui venait de témoigner de tant de courage. L'aînée s'appelait Sagesse ou Lumière du Cœur. Elle initia son cœur à la grandeur d'âme et à la noblesse. La seconde, qui s'appelait Savoir éternel ou Lumière de l'Esprit, d'un geste magique apporta à son intelligence un savoir et une connaissance éternelle. La troisième, prénommée Beauté ou Lumière du Corps, lui conféra d'un regard beauté et charme... Il devint le plus séduisant des mortels.

Le vieillard, aussi âgé que la terre, et dont émanait un rayonnement de bonté, lui dit :

— Te voilà maintenant plus que parfait. Va, rentre chez toi et apprends aux tiens ce qui est juste, vrai et beau. Mais fais bien attention : quoi que tu puisses voir ou entendre, surtout ne te retourne en aucune façon !

Comblé, l'illuminé promit d'observer les recommandations de l'Ancêtre sacré. Il prit le chemin du retour, irradiant de bonheur. Mais à peine eut-il quitté ce lieu divin qu'il entendit du bruit derrière lui, assez vaguement d'abord, puis de plus en plus fort jusqu'au vacarme assourdissant... Alentour retentissaient des cris étranges...

Effrayé, il s'arrêta. Mais immédiatement, il se souvint de sa promesse et se bouchant les oreilles des deux mains, il poursuivit sa route.

Chemin faisant, il entra au pays des femmes-esprits

et fut convié à une fête galante. Les gens s'y amusaient à merveille. Les dames y étaient belles et sensuelles. Notre héros s'éprit immédiatement de la reine de beauté. Ils dansèrent toute la soirée, au son de la musique douce et rythmée des koras et des mandolines des griots. Ils formaient un couple magnifique. Tout le monde les admirait et les applaudissait. La fête terminée, la reine le convia dans son palais pour y passer la nuit. Sans hésiter, il la suivit vers ses appartements. Mais dès qu'il eut franchi le seuil, le rêve s'évanouit un instant pour laisser apparaître l'image fugace de sa grand-mère :

— Prends garde, lui dit-elle, tu es notre seul survivant et tu dois résister à la tentation, sinon la colère de l'Ancêtre sera grande.

Le jeune homme eut peur ; il refusa l'invitation et reprit son chemin. De retour parmi les siens, tous s'extasièrent sur sa beauté sans pareille et sur sa vive intelligence. Il devint riche, puissant et garant du savoir universel, dont il fit profiter plus d'un mortel.

Un jour, un de ses amis envieux, voulut connaître son secret et devenir son égal. Aussi s'en alla-t-il rendre visite au vieillard qui lui donna son avis. Puis, il partit en direction du couchant, rencontra l'Ancêtre sacré et ses trois filles. Après son initiation il prit le chemin du retour, muni des mêmes conseils que son prédécesseur. Mais à peine eut-il fait un pas que surgirent de sombres hurlements. Il ne put s'empêcher de se retourner aussitôt... Hélas, déjà des faces hideuses grimaçaient sous son regard... Pris de panique, il se débattit contre les monstres qui l'entouraient, repoussant leurs mains griffues et poilues... Affolé, il courut en arrière, cherchant refuge auprès de ceux qu'il venait de quitter. Mais tout avait disparu et il ne perçut plus qu'une éblouissante clarté diaphane. Comprenant son erreur, il reprit sa fuite, poursuivi par les esprits infernaux et leur odeur pestilentielle...

Tout à coup les abominations se dissipèrent et des créatures apparurent devant lui. La plus jeune et la plus belle des femmes-esprits l'invita en son palais. Le pauvre hère, las et tremblant, accepta et y passa la nuit, se réconfortant en galante compagnie.

Au matin, il ne savait plus s'il était mort ou vivant, ni qui il était... Il avait oublié tout ce qu'il avait appris.

De l'inspiré de Dieu, il était devenu le fou de Dieu !

Et c'est terrassé par cette démence qu'il réapparut parmi les siens et y vécut...

Le perroquet et le crocodile

Le perroquet et le crocodile étaient très liés d'amitié. Chacun avait l'habitude d'aller rendre visite à l'autre. Ils vivaient une relation de tendresse et emplie d'attentions.

Un jour, le crocodile se rendit chez son ami, accompagné d'un bon nombre des siens. Chemin faisant, ils dansaient, chantaient et s'amusaient au rythme du tam-tam. Leur visite n'avait rien d'improvisé. Bien au contraire, le perroquet avait été prévenu depuis très longtemps et tous étaient enchantés. Ce qui explique qu'à leur arrivée, ils étaient généreusement accueillis. Ils mangèrent et burent à satiété. Ils décidèrent finalement de prolonger leur séjour et le perroquet les hébergea plusieurs jours durant, en continuant à les choyer à souhait.

Mais vint le moment de partir. Le crocodile rassembla son monde et s'adressa à son hôte :

— Mes invités et moi sommes très heureux de notre séjour chez toi et nous te remercions pour ton hospitalité. Mais si je suis venu, c'est aussi pour te demander une faveur...

Le crocodile n'avait pas encore terminé sa phrase que le perroquet l'interrompit : « Pas besoin de te donner une mine aussi triste pour obtenir quelque chose de moi. Dis-moi tout simplement ce que tu désires et je te satisferai si je le peux. »

— Mais ce que j'ai à te demander est vraiment très spécial ; je ne sais si tu accepteras, assura le reptile.

— De quoi s'agit-il, enfin ? insista l'oiseau au plumage coloré.

— De tes plumes ; je souhaiterais avoir tes belles plumes, rétorqua le maître croco. J'en ai besoin pour me faire un chapeau qui me protègera contre les rayons du soleil.

Le perroquet eut soudain l'air très malheureux ; il frissonnait à l'idée de se voir dépouillé de ce qui faisait toute sa fierté. Comment aurait-il pu consentir à un tel sacrifice ?

Voyant que l'oiseau semblait hésiter à se dévêtir, tous les crocodiles se mêlèrent de l'affaire et l'obligèrent presque à se démunir de toutes ses plumes. Ce à quoi il dut finalement se résoudre, très mécontent. Les crocodiles rentrèrent chez eux en se plantant les plumes sur la tête, tout en chantant victorieusement.

Le perroquet, en attendant, avait honte de son corps dégarni. Il souffrait beaucoup du froid ainsi que de la chaleur. Il ne sortait plus et devint mélancolique. Il pleurait si souvent sur son sort qu'il oubliait même de manger. Aussi avait-il beaucoup maigri.

Puis, après de nombreux jours, un duvet fit place à de belles plumes colorées et chatoyantes. Il était à présent totalement guéri de ses maux et accepta à nouveau de se montrer.

Ayant un cœur d'or, il ne put garder rancune au crocodile qui s'était pourtant bien joué de lui, et resta son ami.

A son tour, il adressa une missive à son vieux compagnon. Il souhaitait cette fois lui rendre visite. Le crocodile était très fier de l'accueillir en sa demeure. Il voulait donc lui faire honneur ; il rassembla ses maigres économies — il était très dépensier — et acheta les provisions dont il avait besoin pour offrir une grandiose réception. Il commença à préparer le repas des retrouvailles.

Le perroquet, bien au courant des règles de l'hospitalité, voulut faire une surprise à son ami et savait que celui-ci pourrait refuser : il convia donc tous les chefs coutumiers ainsi que leurs gardiens à faire partie de sa suite. Ce qui faisait certes beaucoup de monde. Puis, ils se mirent en route.

Le ciel était aussi gris que les yeux d'une gazelle, le soleil ressemblait à un feu de brousse quand ils arrivèrent :

— C'est un grand honneur que tu me fais, mon ami, de te présenter avec tous les tiens dans mon humble demeure, s'exclama le crocodile. J'en suis vraiment très fier. Entrez donc, chers notables, et faites comme chez vous.

Le crocodile apporta un soin tout particulier à contenter ses visiteurs. C'est qu'il recevait cette fois des personnalités de haut rang et se devait de ne pas les décevoir ! Aussi, durant deux jours, s'épuisa-t-il à leur faire savourer d'agréables instants.

Il dépensa ainsi tout ce qu'il lui restait pour rassasier ce beau monde.

Au terme de deux jours, il fut temps de rentrer chez soi. A l'heure du départ, le perroquet s'adressa à son ami :

— Je suis chargé, au nom de tous, de te remercier de ton accueil et je sais que tu l'as fait en raison de notre longue amitié. Nous allons maintenant repartir. Mais les chefs qui m'accompagnent ont exprimé l'un de leurs désirs. En effet, il est d'usage, lorsque l'on reçoit des chefs coutumiers, de leur offrir un présent de valeur inestimable. Et ils ont pensé te demander...

Le perroquet hésita et voulut se rétracter :

— Quoi donc ? demanda le crocodile.

— Comment te dire, c'est bien difficile d'exiger une telle chose, répéta l'oiseau.

— Rien d'impossible, j'espère ; car pour aucune raison au monde je ne voudrais leur faire offense, assura le reptile.

— Mes amis sont très amateurs de bonne musique. Ils aiment beaucoup le son de la ngoma [1] et en jouent très souvent. Aussi, pour se rappeler ton bon accueil, ils souhaiteraient que tu leur fasses présent de quelque chose qui leur rappellera ton souvenir chaque fois qu'ils joueront de cet instrument : une peau, mais pas n'importe laquelle... ! Aussi sont-ils décidés à ne repartir qu'à la condition d'en obtenir une.

A ce propos, le crocodile gravit trois par trois les marches qui menaient à son grenier. Il rapporta aussitôt une peau de lion, une de zèbre, une encore de girafe et bon nombre d'autres variétés. Il présenta finalement tout ce qu'il détenait.

Mais le perroquet n'était pas satisfait et lui assura qu'aucune autre peau n'était mieux adaptée au genre de ngoma qu'il voulait fabriquer que la sienne.

En entendant cela, le crocodile s'écria : « Ma peau ? »

— Oui, la tienne, répondit l'oiseau.

L'animal à écailles ne savait plus quoi lui dire. Il comprit tout de suite que son ami voulait se venger de ce qu'il lui avait fait subir dans le passé. Il refusa net de céder. Ce qui engendra une vive dispute entre eux.

1. Ngoma : sorte de grand tam-tam africain que les joueurs attachent avec une ceinture autour des hanches. La partie supérieure de la caisse, en bois creux sculpté, consiste en une peau tendue sur laquelle on frappe, les mains nues, pour en tirer des sons.

Offensés, les chefs coutumiers décidèrent alors d'appliquer la loi. Ils ordonnèrent à leurs guerriers de s'emparer du reptile et de le dépiauter, ce qui fut fait. Et tous quittèrent les lieux.

Or, un crocodile ayant perdu sa peau a-t-il une seule chance de survivre ? Et même s'il est dit que l'on n'a jamais que ce que l'on mérite, ne jugez-vous pas que la vengeance fut tout de même bien sévère ?...

Le riche marchand d'or

« Me voici bien trop riche », disait un marchand si opulent qu'il aurait pu faire construire plusieurs maisons en or massif. Il ne le fit pas, bien entendu, car il avait un meilleur usage à faire de ses biens. Il appela son secrétaire personnel et lui annonça :

— Toute ma vie, j'ai voulu devenir le plus aisé des mortels. Il est vrai que j'y suis arrivé. Mais pourtant, je me rends compte que je suis seul et malheureux. Je n'ai voulu ni femme ni enfants. Ce jour, je suis plus puissant que tous les rois réunis et je les fais tomber de leur trône à ma guise, les uns après les autres. Maintenant que la mort me guette, je veux enfin être utile à quelqu'un.

— Oui, acquiesca le conseiller, mais à qui ? Vous et moi sommes vieux à présent, et nous n'avons aucune famille !

— Ah ! s'écria le marchand, j'ai trouvé ! Je ferai don de mon immense fortune à celui des hommes qui, au contraire de moi, montrera le plus de générosité et d'humanité. Pour cela, je te demande d'user de ton pouvoir magique et de m'inventer trois énigmes qui seront soumises aux candidats.

Une fois cela convenu, il fit proclamer partout ses

intentions. Plusieurs personnes se présentèrent ; mais aucune ne sut faire preuve d'une grandeur d'âme supérieure.

Entre-temps, trois fils d'une même famille décidèrent eux aussi d'aller, tour à tour, tenter leur chance...

L'aîné partit le premier, superbement vêtu, emportant le peu d'économies dont il disposait. Le temps était doux, le vent calme, le ciel bleu lorsqu'il se mit en route. Il marcha longtemps pensif, n'admirant même pas le soleil si beau, si souriant qui disait « au revoir » au couchant. A mon avis, il se demandait ce qu'il ferait bien d'une si grosse fortune au cas où il l'obtiendrait. Chemin faisant, il aperçut au bord d'une rivière tumultueuse une vieille qui se lamentait et tendait les deux bras vers le courant. Il s'arrêta, curieux, et s'informa de la cause de son émoi. Folle de douleur, la femme lui répondit, le tirant par la main, que son enfant se mourait, emporté par le courant impitoyable de la rivière. Elle le supplia de le sauver car elle ne savait pas nager et devait assister, impuissante, au drame. Le jeune homme, indifférent, lui répondit, en dégageant son bras d'un geste brusque :

— Laissez-moi, je suis pressé et je n'ai nulle envie de salir mes vêtements.

Il s'éloigna à grands pas, traînant ses mulets lourdement chargés de provisions, abandonnant la pauvre mère éplorée. Désespérée, celle-ci se jeta à l'eau afin de secourir son fils et se noya dans les flots. Mais l'égoïste poursuivit sa route, insouciant... Dans la même soirée, il découvrit au détour d'un buisson un lutin qui était malencontreusement tombé dans un puits profond et tentait vainement d'en sortir... Il criait au secours et finit par attirer l'attention du passant. Ce dernier s'approcha du trou et trouva très amusant le spectacle du malheureux nain grattant les parois boueuses mais sans succès. Le pauvre s'écria en gémissant :

— Ô étranger, soyez généreux et aidez-moi à sortir de ce puits dans lequel je meurs de faim et de soif depuis six jours.

— Cela n'est pas possible, lui rétorqua-t-il, je n'ai pas de temps à perdre. La prochaine fois, ajouta-t-il, moqueur, tu n'auras qu'à mieux regarder où tu mets les pieds !

Sur ces dures paroles, il partit et entreprit de trouver un gîte pour la nuit. Il vit alors une souris emprisonnée par un piège. Celle-ci le supplia de venir à son aide.

— Je vous donnerai le peu de biens que je possède si vous ouvrez la cage d'acier, gémissait-elle.

Il s'arrêta un instant, tenté par l'offre ; mais voyant l'animal saigner, il craignit de souiller ses superbes atours et refusa d'intervenir.

Après une longue route, il arriva le lendemain soir à la demeure du marchand et fut conduit auprès de lui. Là, on lui demanda de dire ce qu'il avait fait d'humanitaire dans sa vie pour mériter la récompense. Pour toute réponse, il se gratta la tête, perplexe, et ne put prononcer une parole. Il prit congé du vieil homme, déçu de n'avoir rien pu tirer de lui.

De retour dans sa famille, il ne souffla mot à personne de son histoire. Aigri, il se dit que les autres n'auraient qu'à se débrouiller.

Quelques jours plus tard, ce fut le tour du second frère d'aller solliciter les faveurs du célèbre marchand d'or. Celui-ci ne fit pas preuve de plus de cœur sur son chemin. Il croisa le lutin et s'enfuit, effrayé. Il méprisa la souris et l'abandonna sans remords. Aussi son échec fût-il éclatant, comme celui de son aîné.

Enfin, le dernier des trois frères partit, lui aussi intrigué par l'étrange silence de ses prédécesseurs. Chemin faisant, il sentait son cœur battre dans sa poitrine. Il se penchait avec nostalgie sur tous ses rêves d'enfance. Son esprit, où s'emmêlaient mille et une pensées, vagabondait au gré de sa route. Il marchait sans souci, observait la nature et son indicible beauté. Il s'émerveillait de voir devant lui le soleil grimper jusqu'au zénith, et les arbres offrir leurs branches aux rayons scintillants. Pendant qu'il s'extasiait devant l'incomparable spectacle que l'univers offrait à ses yeux, un cri plaintif rompit son rêve. Attentif à l'appel de détresse, il accourut aussitôt. Il découvrit une mère suppliant le ciel de secourir son fils qui se noyait. Sans hésiter, notre voyageur ôta ses vêtements et plongea. Il ramena le petit sain et sauf sur la berge.

La femme, soulagée, embrassait les mains du sauveur, le couvrait de compliments et de remerciements. Elle s'en alla enfin, apaisée, serrant son enfant.

Notre aventurier continua son parcours ; il marcha encore longtemps. Il s'assit finalement à l'ombre d'un oranger pour manger car la faim le tenaillait. Mais à peine eut-il ouvert ses bagages qu'il entendit gémir à ses côtés. Il voulut s'enfuir quand sa voix intérieure lui lança : « On ne fuit pas un danger qu'on n'a pas encore effleuré. Va te rassurer et vérifier si celui qui frémit n'a pas besoin de toi. »

Rassemblant son courage, il s'en alla voir de plus près. Il découvrit alors le petit lutin captif de son trou et qui appelait toujours à l'aide. Emu devant sa détresse, il coupa une branche d'arbre et la lui tendit. Le malicieux nain s'y accrocha avec toute son énergie ; unissant ses forces, notre ami le hissa hors du puits. A peine libéré, le nain remercia chaleureusement son bienfaiteur et se sauva rapidement dans la forêt.

Suivirent d'interminables heures de marche, pendant lesquelles il savourait chacun des paysages aussi divers qu'enchanteurs. Il croisa une souris brune qu'un piège gourmand retenait captive et s'empressa de la libérer. Heureux de retrouver son indépendance, le petit rongeur lui confia :

— Pour te remercier de ta grandeur d'âme, je m'en vais te donner la clé des trois énigmes que tu devras affronter là où tu te rends. Tu sais, le vieil homme qui offre sa richesse s'est en fait inspiré de sa propre vie pour tester les prétendants à sa fortune. Tu dois savoir que l'enfant que tu as sauvé de la noyade est bien lui-même lorsqu'il était jeune ; sa mère est morte jadis pour s'être portée à son secours. Il doit la vie à un passant providentiel. Quant au lutin, c'est son défunt cousin, mort dans un puits noyé sous l'orage. Et moi, je suis sa sœur unique, étouffée par un piège à gibier.

Après ses bouleversantes révélations, la petite souris disparut comme par enchantement, laissant le jeune homme seul dans la clairière. Ebahi par ce qu'il venait d'entendre, il pressa le pas pour arriver à destination avant la nuit. Le temps refroidissait avec le crépuscule. Les nuages s'étendaient comme un voile de deuil sur les cases des villages et apaisaient les feuilles de leurs caresses feutrées.

La lune émergeait difficilement de cette étrange opacité. La nuit doucement tombait. On n'entendait plus de chants d'oiseaux. Le ciel scintillait. Le jeune homme franchit rapidement la savane, traversant la dernière contrée. Partout des cases faites de briques en terre battue et pétrie avec l'eau ; les unes rondes, les autres rectangulaires ; mais toutes superbement coiffées d'un toit de paille ou de feuilles de palmier tressées. Elles côtoyaient avec harmonie des arbres fruitiers.

Il aperçut enfin le palais de marbre serti de cristal et

d'or où vivait le marchand. C'était, à ce qu'il lui parut, une demeure merveilleuse comme pas une au monde. Elle brillait aux reflets de la lune. Ce n'était pas là un palais comme ceux des rois que l'on voit habituellement, avec des murs de pierres, massifs, froids et couronnés de toits de tuiles. Il resplendissait grâce à ses blocs de marbre brillant, gracieusement travaillés et assemblés avec finesse, traversés de couches d'or serties de pierres précieuses. Chaque fenêtre possédait un chambranle de cristal. Le cadre était d'argent massif sculpté, ainsi que le pourtour des portes ; le rebord du toit terminait sa course sur des pergolas s'avançant vers un superbe jardin en fleurs. A l'arrière s'étendait une large baie où sillonnaient, au rythme des vagues luisantes, des pirogues. Les chants des pêcheurs résonnaient au loin.

A l'intérieur du palais, les gens étaient en pleine effervescence : des serviteurs et des servantes dans une tenue impeccable, des personnalités étrangères venues solliciter des crédits et même des princes endettés qui accouraient demander un nouveau sursis. Tout débordait de beauté et d'élégance. Des toilettes époustouflantes, tant pour ces dames que pour ces messieurs. On n'y voyait que ce qui pouvait exister de plus beau et de plus riche.

Au vu de toutes ces splendeurs, notre jeune ami se sentit mal à l'aise ; il trouvait qu'il n'y avait aucune place pour un être aussi simple que lui dans un monde arborant autant de luxe et de complexité. Il était sur le point de faire demi-tour lorsque deux serviteurs l'aperçurent et l'interpellèrent. Ils le conduisirent jusqu'à leur maître. Le marchand se dressait dignement en face de lui. Il inclina la tête en guise de salut et lui fit signe d'approcher.

Le jeune homme fut surpris de sa simplicité et de

son attitude. Et comme le lui avait prédit la souris, les trois énigmes lui furent tour à tour posées. A chacune, notre jeune ami apporta sa juste réponse. Pouvez-vous dès lors imaginer quelle émotion il suscita auprès du vieil homme ? Depuis si longtemps, il attendait la personne sensée lui témoigner autant de bienveillance. Par son humilité et sa gratuité, ce nouveau venu éveillait déjà en lui des sentiments qu'il ne connaissait pas, lui qui jusqu'ici ne s'était forgé qu'une vieillesse aigrie et malheureuse. Il admirait ce jeune homme au cœur d'or et se félicitait d'avoir enfin trouvé un digne héritier. Il lui légua toutes ses richesses et vécut ses dernières années dans le bonheur avant de s'éteindre en toute sérénité dans les bras de son enfant adoptif et aimant.

La fille céleste

La nuit sournoise exhibait déjà derrière les brumes son visage transparent. Le soleil disparu, d'innombrables étoiles brillaient d'une clarté de perles. Une douceur profonde s'étendit sur la terre grise et la mer, qui luisait encore, devint une surface constellée de brillants dérivant vers l'ombre ; au-delà, au bout d'un univers féerique, s'étendait le royaume céleste. Dieu y vivait avec tous ses enfants. Il ne faut pas oublier qu'à l'époque, les humains et lui vivaient en harmonie. Dieu venait les aider tous les jours de la semaine. Ses filles, elles, descendaient sur la terre chaque dimanche, à l'heure où le soleil brille au zénith.

Souvent, elles allaient se baigner dans un lac inconnu des mortels. C'est là, sur ses bords parsemés de fleurs aux couleurs exquises et au parfum suave, qu'elles dissimulaient leurs ailes afin d'aller se baigner. Parfois, richement parées et drapées de belles étoffes, elles allaient à la ville où tous les hommes étaient subjugués par leur beauté.

Or, un jour de marché, un jeune griot remarqua la plus séduisante d'entre elles et fut émerveillé par son charme. Elle avait glissé dans sa luxuriante chevelure une jonquille dans laquelle elle avait dissimulé ses ailes. Epris de la divine, le poète offrit en son honneur un exceptionnel récital. La déesse fut captivée. La foule, également attirée par le chant, lui faisait un parterre d'admirateurs.

La jeune fille, qui avait beaucoup apprécié la poésie chantée, repartit le cœur lourd. Elle aurait aimé rester là à écouter sans fin.

Un matin, elle décida d'emmener ses sœurs au concert du poète-musicien. Mais là, éprise de musique, elle oublia cette fois l'heure du retour. L'ayant perdue dans la foule, ses sœurs ne l'attendirent point, croyant qu'elle les avait devancées. Elles reprirent possession de leurs ailes et s'envolèrent dans leur royaume.

La jeune beauté, elle, charmée par le chant, n'avait pas vu la nuit tomber. Aussi fut-elle effrayée de voir la place se vider. Seul restait le griot. Anxieuse, elle s'approcha du chanteur et lui dit :

— Ami, je me suis perdue et je voudrais retrouver le lac d'où je viens. Mais la nuit m'inquiète ainsi que les cris des lions. Connaîtrais-tu un être assez courageux pour me défendre contre tous ces dangers ?

— Je serai cet homme-là, répondit-il, rassurant.

Ils partirent ensemble. Après une longue marche, ils furent en vue des eaux ténébreuses du lac qui miroitait sous la lune et reflétait une nature enchanteresse, bien qu'endormie. Là, la belle céleste se mit en devoir de retrouver ses ailes dans le parterre de jonquilles, mais elle eut beau fouiller parmi les fleurs, elle ne les trouva point. En larmes, elle s'assit sur une pierre immaculée et levant les bras, elle appela ses sœurs... Mais personne ne répondit.

A ses dires et gestes, le griot ne comprenait pas grand chose ; il se demandait ce que tout cela pouvait bien signifier et il se mit à rire doucement. Mais bientôt, devant les pleurs intarissables de la jeune fille, il comprit la gravité de la situation. En peu de mots, elle lui expliqua son histoire...

Ils résolurent d'aller trouver le devin du village. Après qu'ils lui eurent exposé le problème, celui-ci leur apprit que les ailes de la jeune beauté avaient été ravies par un magicien, qui souhaitait ainsi amplifier sa puissance surnaturelle. Il les avait dissimulées dans un endroit secret, où s'organisaient les manifestations diaboliques. Aussi décidèrent-ils de partir à leur recherche.

Suivant le chemin que l'oracle leur avait révélé, ils arrivèrent dans une forêt étouffante, humide et chaude, où la végétation gluante se resserrait de plus en plus sur leur corps frêle...

Le chant des hiboux accentuait la peur... Tout à coup apparut le sanctuaire, prisonnier de ronces gigantesques. Là, ils virent, rassemblés autour d'un brasier, des êtres sortis de l'épouvante : les sorciers célébraient leur sabbat. Soudain un grand ricanement retentit, tandis qu'une main rongée par la vermine s'abattait sur eux. Effrayés, ils hurlèrent de terreur devant le visage ravagé d'une horrible sorcière.

Mais face au danger, la fille de Dieu usa d'un pouvoir magique qui pétrifia les enchanteurs. Elle passa au-dessus des flammes devant les masques grimaçants des spectres et pénétra dans la pièce où elle aperçut, bleutées et brillantes comme la lumière, ses merveilleuses petites ailes. La beauté céleste les recueillit avec joie, puis elle saisit le musicien par la main et s'envola avec lui.

En partant, elle foudroya les sorciers dans un immense éclair qui les transforma en arbres décharnés. Libérés des puissances du mal, ils retournèrent chez le courageux griot. Là, la belle fille décida de rentrer chez elle, au royaume des cieux. Mais au moment du départ, devant la douleur de son compagnon, elle comprit à quel point elle l'aimait et décida d'unir à jamais sa vie à celle de son bel ami. Ils se marièrent et, le jour de leurs noces, toutes les filles célestes jetèrent des brassées de fleurs chatoyantes et la terre embaumait de tous les parfums de la création...

L'astre du jour dévoilant le néant, se mit à resplendir de rayons multicolores. Les fleurs, se mariant au soleil, reflétèrent toutes les couleurs de l'arc-en-ciel.

La petite grenouille

Un épervier affamé se promenait au bord d'une mare. Il aperçut soudain une grenouille plongeant sous les nénuphars qui couvraient la surface. Le soleil, au zénith, dardait ses rayons et faisait miroiter des reflets roses sur une pierre blanche qui émergeait au centre de la mare. Sur ce chaud rocher vint se jucher le rapace.

— Eh, bonjour ! lança-t-il à la dame verte.

Méfiante de nature, celle-ci passa prudemment la tête entre les fleurs et les feuilles mortes qui recouvraient l'écume et observa l'inconnu.

— Je ne te connais pas, répondit la rainette.

— Aucune importance, ma chère. Sors de l'eau et grimpe sur le rocher. Ainsi, nous ferons connaissance. Je partagerai mes insectes avec toi. Et toi, tu m'apprendras les secrets des profondeurs, conclut l'oiseau de proie.

La grenouille, ravie de rompre une solitude pesante, se réjouit de la proposition. Elle décida de se lier d'amitié avec cet individu bien sympathique. Elle bondit sept à huit fois et se hissa aux côtés du rapace. Vlap... Vlap... En un instant, l'épervier la saisit dans son bec, et d'une bouchée il avala la petite baigneuse de la mare.

« Eh bien, pensa l'épervier, chez les naïfs, la peur de la solitude finit un jour ou l'autre par leur perte ! »

Satisfait, il reprit son vol à la recherche d'autres victimes à berner...

Le fils du laboureur

Assis au coin du feu, un vieux couple décortiquait des arachides. Il les faisait ensuite griller.

— Il est triste que nous n'ayons pas eu de progéniture lorsque nous étions jeunes... Nous vieillissons et nous n'avons personne pour nous aider, ni pour nous enterrer, lorsque nous serons morts, fit remarquer l'homme à sa compagne.

— Hélas, soupira celle-ci, si nous avions un enfant, nous l'aimerions de tout notre cœur et nous en serions très heureux.

Le mari s'en alla alors voir un sorcier et lui dit :

— Je voudrais tellement avoir un fils pour nous soulager, ma femme et moi, dans les tâches quotidiennes.

— Cela n'est pas impossible, dit le malin. Tiens, voilà un gri-gri en forme d'arachide que tu confieras à ton épouse. A la prochaine lune, vous verrez.

— Merci beaucoup, dit le vieillard.

Après avoir payé le prix de la consultation, il rentra chez lui où il confia le fétiche à sa compagne. Celle-ci pensa qu'il s'agissait là d'une plaisanterie et mangea le grain, sans plus. A la pleine lune, elle donna naissance à... une arachide. Effrayée à l'idée que les voisins puissent se moquer d'elle, elle la cacha dans le grenier à mil.

En revenant des champs, son époux accourut afin d'accueillir le nouveau-né. Puis, dépité, revint vers son épouse qui pleurait au coin du feu. Comme il la pressait de questions, elle finit par avouer la vérité. Se prenant la tête entre les mains, le pauvre homme s'écroula, maudissant le féticheur. Puis, il rejeta l'arachide au fond du grenier.

Etourdi par le choc, le petit qui s'y trouvait secoua la tête, et n'entendant plus de bruit, il entrebâilla la coquille qui le renfermait et en sortit en s'étirant et en gémissant. Puis, découragé, il s'assit sur le sol et se mit à pleurer.

— Pourquoi mes parents n'ont-ils pas ouvert l'écrin de mon écorce afin de m'accueillir ? se dit-il. Et pourquoi me rejettent-ils et ne m'aiment-ils pas ? Pourtant, je les aime tellement et je voudrais tant les aider... Ils sont si vieux et ils ont sûrement besoin de moi ! Pour leur prouver mon affection, je vais les servir dans leurs tâches ménagères.

Ayant pris cette résolution, il rentra dans sa coquille dont l'intérieur était revêtu de satin rose et s'endormit après l'avoir refermée.

Le lendemain, le laboureur et sa femme décidèrent de vendre leur récolte au marché. Ils partirent dès l'aube, laissant tout en désordre. La journée fut agréable et ils rentrèrent au soir un peu moins tristes que le matin.

Quelle ne fut pas leur surprise de trouver leur demeure propre et rangée comme par enchantement... Même le linge avait été lavé et pendait au soleil dans le jardin. Heureux, ils apprécièrent beaucoup l'harmonie qui y régnait à présent. Quant à la vieille, elle remercia la providence de l'aide qu'elle lui avait apportée et entreprit de préparer le souper. Quand elle souleva le couvercle de la marmite, une délicieuse odeur de soupe lui chatouilla les narines. Au comble du bonheur, elle servit le repas qu'ils dégustèrent avec appétit. Et chaque jour, le miracle se reproduisit durant leur absence.

A cette époque sévissait un être sorti des abîmes de l'enfer et semant la terreur dans les familles. Son apparence suscitait l'horreur chez les gens qui l'apercevaient. La plupart en devenaient muets d'effroi et les descriptions écrites qu'ils en firent parlaient d'un géant couvert d'écailles verdâtres, aux mains griffues et sanglantes et au visage pustuleux. Son regard de braise réduisait en cendres tous ceux qui le croisaient... Il réclamait chaque mois une jeune vierge et le pays entier pleurait ses filles.

La stupéfaction fut totale lorsqu'il réclama la princesse, enfant unique, en sacrifice. Celle-ci était très jeune et d'une beauté si parfaite qu'elle n'avait d'égale que sa bonté. Tout le palais était en émoi et le malheureux père s'arrachait les cheveux de désespoir. Dès lors, il fit proclamer partout qu'il offrirait sa fille en mariage à quiconque tuerait le monstre. Mais aucun homme ne fut assez courageux pour tenter l'aventure.

Ayant entendu ses parents parler au coin du feu de la mort prochaine de la belle princesse, le brave petit décida alors de la sauver au prix de sa vie.

Le jour des offrandes, il se posta près du lieu et attendit... La foule était massée à ses côtés et il prit garde de ne pas se faire piétiner.

Tout à coup, un silence impressionnant plana sur l'assemblée : la princesse apparut, pâle mais digne devant sa mort certaine. Un murmure d'indignation s'éleva quand le monstre surgit de sa tanière. Au moment où il s'avança vers la jeune fille, notre ami projeta son écorce vers le méchant qui l'avala et rugit aussitôt de douleur...

L'arachide magique s'était mise à grandir, gonflant le cou du géant qui roulait des yeux exorbités, essayait de la recracher et griffait le sol des deux mains. En vain, il explosa dans une gerbe de sang.

La foule joyeuse cherchait le vaillant qui venait ainsi de libérer le pays du sanguinaire. Le jeune homme s'avança d'un pas timide vers la princesse qui le dévorait du regard. Libéré du sortilège par la destruction de sa coquille qui l'empêchait de grandir, le fils du laboureur s'inclina devant la belle et demanda sa main, ce qu'elle attendait impatiemment car elle l'avait aimé dès le premier regard, lui, son sauveur !

Ils se marièrent peu après.

Ayant enfin découvert l'existence et admiré la bravoure de leur enfant, le laboureur et sa femme exultaient de joie...

Depuis lors, ils vivent heureux au palais, entourés de leurs nombreux petits-enfants.

La civette

Dans la savane boisée, le soleil colorait les feuillages d'un vert pur de malachite. C'était au début de la saison des pluies ; l'herbe était haute, les acacias embrassaient des bouquets verts, et près des marigots, les zèbres s'abreuvaient en bande, évitant ainsi l'assaut des prédateurs.

Autour des villages et des champs s'étendaient des forêts denses traversées de larges rivières dont les berges, en permanence, étaient occupées par les animaux sauvages.

Le soleil caressait les toits des cases cylindriques enfouies dans le creux d'une vallée herbeuse. Sur le toit de paille tressée d'une de ces habitations était perché un coq qui lançait son « cocorico... ».

Une civette affamée, qui se promenait en quête de nourriture, l'aperçut. Elle se dit qu'elle devrait l'attraper. Mais comme le coq lui paraissait sagace, elle choisit de l'approcher amicalement. Elle l'appela. Surpris, le coq eut très peur et se dit : « Depuis ma naissance, je n'ai jamais vu cet animal ; alors je ne m'explique pas qu'il m'interpelle ! Quand on ne connaît pas celui qui vous approche, la prudence est la meilleure des chances. » Sur cette réflexion, il se sauva au milieu d'hommes et de femmes où sa sécurité était assurée.

Déçue, la civette rentra bredouille. Une fois seule, elle pensa : « Que dois-je faire pour capturer ce malin ? Comment pourrais-je l'attirer loin de ces gens qui le protègent ? »

Des jours durant, elle se morfondait à ce propos. Savoir qu'il y avait quelque part une proie qui lui résistait la rendait nerveuse. Souvent elle venait se cacher dans les buissons proches pour épier les déplacements de la volaille tant convoitée. Après une longue hésitation, elle résolut enfin d'aller le voir, à l'heure où les habitants étaient partis aux champs, pour obtenir un rendez-vous aux confins du village. Celui-ci n'était pas bien loin, et les deux animaux se retrouvèrent. Toujours méfiant, le coq voulut s'enfuir quand il vit venir le prédateur. Mais la civette l'appela d'une voix câline et rassurante :

— N'aie pas peur, lui cria-t-elle, je viens en amie. Il est vrai que toi, tu ne me connais pas ; mais tes ancêtres et les miens ne s'ignoraient pas. Ils s'entendaient à merveille et s'entraidaient.

A ces mots, le coq s'arrêta pour l'écouter :

— Depuis longtemps, poursuivit la menteuse, je voulais te voir pour te parler de ce qui se dit à ton sujet.

— Ah bon ! Que dit-on de moi ? reprit immédiatement le coq, curieux.

— Si tu veux en savoir plus, dit la maligne, il va falloir venir me voir demain à l'aube, près du grand baobab isolé du village. Alors je te ferai part de mes confidences.

Le coq fut enchanté de s'y rendre. Le lendemain, dès le lever du jour, il apprêta ses beaux atours et se rendit au rendez-vous. Mais comme le lieu était désert et qu'il était arrivé le premier, il prit la précaution de s'abriter sur la cime d'un baobab difforme et ventru.

Lorsque la civette se présenta, elle constata que son partenaire restait toujours vigilant.

— Pourquoi t'es-tu hissé si haut ? demanda-t-elle.

— C'est par prudence, répondit le coq avant d'ajouter : « De quoi voulais-tu m'entretenir ? »

— De ta voix. Descends le plus près possible et nous parlerons, suggéra la civette.

Confiant, le coq descendit sur l'une des branches les plus basses.

— Maintenant, dit-il, je voudrais savoir ce que l'on dit de moi.

— Eh bien, reprit la civette, on raconte que ton chant est le meilleur ; mais bien loin d'être le plus parfait.

— Que dois-je faire alors pour que cela change ? interrogea le naïf.

— A mon avis, poursuivit la civette, tu dois pouvoir t'améliorer. Pour cela, il faudrait apprendre à chanter les yeux fermés. Essaye donc et tu verras.

Le coq, étonné, ne se demanda pas s'il s'agissait là d'une véritable révélation ou d'une ruse. Il accepta l'épreuve et cligna des yeux afin d'entonner sa mélodie avec fierté. Il chanta, tout exalté et fier de son talent. Mais la civette, le trouvant tout de même méfiant, suggéra :

— Cela s'est déjà beaucoup amélioré, mais pour que je puisse juger avec justesse à quel point ton chant est parfait, il serait mieux que tu descendes d'une branche et que tu me chantes l'une de tes plus belles chansons.

Appréciant la remarque, le coq descendit plus bas encore. Il ferma les yeux et se remit à chanter.

Profitant alors de cette distraction, la civette ne se fit pas prier. Elle saisit l'opportunité, bondit sur le coq et le dévora.

Le chasseur, l'ogre et la gazelle

Aux temps les plus reculés vivait un grand chasseur.

Un jour, sous un soleil implacable, il avait vainement chassé et maudissait le ciel de ne pouvoir rien rapporter aux siens.

Sur le chemin du retour, il trouva pourtant une gazelle tombée dans un trou. Elle gémissait doucement et tendait vers lui son cou couleur cannelle et ses yeux sombres embués de larmes.

L'homme se réjouit d'avoir une proie à ramener pour le repas du soir, lorsque l'animal le supplia :

— Je t'en prie, épargne-moi ! Mes petits ont encore besoin de moi. Si tu me libères, peut-être te sauverai-je un jour la vie...

Le chasseur hésita, sa sagaie suspendue en l'air, puis, attendri par la tendresse du regard, il relâcha l'animal qui s'enfuit au petit trot.

Chez lui, il retrouva ses parents et ses frères affamés. Il regretta aussitôt son geste, mais il ne pouvait désormais plus rien changer au destin. Plusieurs lunes passèrent et le chasseur oublia l'incident.

Un jour, il dut s'en aller en pays étranger afin d'épouser sa promise. Sur son chemin, au cœur de la savane inondée de soleil, il perçut des gémissements.

— Il s'agit sûrement d'un animal blessé au piège, se dit-il.

Curieux, il écarta les hautes herbes et n'en crut pas ses yeux. Dans le piège se trouvait pris un ogre tricéphale, dont deux des têtes saignaient, mordues par les mâchoires de fer. Le monstre, épuisé, était incapable du moindre mouvement. Il supplia le passant de le libérer, lui promettant la vie sauve ; l'homme accepta de bon cœur. Une fois libre, l'ogre demanda à son sauveur où il se rendait chargé d'autant de cadeaux.

— Je m'en vais prendre femme, répondit-il.

— Puis-je être ton témoin, suggéra l'ogre, afin de te prouver ma reconnaissance ?

Le chasseur n'y vit pas d'inconvénient et accepta la proposition. Tous deux se mirent en route. Le soir venu, à l'heure où les enfants rentrent leurs troupeaux, les deux compagnons atteignirent le village de la fiancée. Les habitants les accueillirent avec joie.

Plusieurs jours après, le mariage fut célébré dans la liesse. Aussitôt la fête achevée, les jeunes époux décidèrent de regagner leur nouvelle demeure. Le voyage se fit sans encombre, jusqu'au moment où l'ogre devait se séparer du jeune couple. A cet instant, il dit au mari :

— Chez nous, on n'accompagne pas un prétendant sans recevoir une récompense. Nous devons donc répartir tous les présents du mariage de façon équitable.

— S'il ne s'agit que de cela, répondit le jeune homme, je vais te donner ta part.

Et il répartit les biens en deux lots égaux. Puis, il voulut poursuivre son chemin avec sa compagne. C'est alors qu'éclata la fureur de l'ogre :

— La distribution n'est pas finie ! Il nous reste à partager la femme, moitié-moitié...

— C'est impossible, répliqua le mari, outragé. Tu peux tout avoir, sauf mon épouse !

— Si tu me refuses ma part de femme, dit l'ogre, je serai contraint de vous dévorer.

La discussion était très vive quand la gazelle apparut dans le couchant. Curieuse, elle demanda quel était l'objet de la discorde. L'homme lui expliqua la raison de la colère de l'ogre... Alors elle se tourna vers le monstre à trois têtes et lui posa la même question. Celui-ci répondit à son tour. La gazelle écouta, attentive, puis s'exclama :

— Je ne saisis rien à votre histoire... Pourriez-vous reprendre depuis le début ?

Les deux antagonistes acceptèrent de reconstituer les faits à l'origine de leur rencontre. Ils retournèrent auprès des pièges. Là, l'ogre entreprit de mimer la position dans laquelle l'autre l'avait découvert. Il se glissa donc dans le piège qui se referma soudain sur lui. Surpris, il hurla de douleur, comprenant trop tard que l'animal s'était joué de lui.

L'impala se tourna vers le couple :

— Un acte de générosité n'est jamais sans lendemain. Autrefois, tu m'as sauvé la vie. Aujourd'hui, c'était à moi de sauvegarder la tienne. Tu peux maintenant t'en aller avec ta femme et tes biens...

Ivres de bonheur, les époux reprirent leur route et la gazelle disparut dans la savane où l'attendaient ses petits.

— Adieu, braves gens, lança-t-elle joyeuse, que mes vœux de bonheur vous accompagnent partout !

L'homme et la mort

Il y a très longtemps, la Mort était gravement malade...

Personne n'osait lui porter secours.

Pourtant, un homme, la voyant souffrir, eut pitié d'elle et décida de la guérir. Il lui apporta une amulette au pouvoir prodigieux.

— Je suis venu pour te sauver, dit-il à la souffrante.

La Mort prit le gri-gri qu'elle passa autour de son cou.

Elle recouvra la santé. A peine fut-elle guérie qu'elle se mit à danser de joie... Mais soudain, elle saisit son bienfaiteur et lui dit :

— A présent, tu m'appartiens pour l'éternité.

— Lâche-moi ! s'exclama l'autre.

— Il n'en est pas question, répondit la Mort. Quoi que tu fasses, je ne te lâcherai pas.

La dispute s'aggravait lorsqu'une femme arriva. Curieuse, elle voulut savoir ce qui se passait. L'homme lui expliqua la situation et la Mort lui proposa ensuite sa propre version des faits. Mais la passante n'y comprenait rien. Aussi la Mort eut-elle une idée astucieuse :

— Ô ma belle étrangère, dit-elle, si tu es généreuse et si tu désires le sauver, va, épouse-le et donne-lui des enfants. C'est à cette condition qu'il sera libre. Ma seule exigence est que tous vos descendants m'appartiendront à la fin de leurs jours... Vois comme je suis magnanime, conciliante !...

Soucieux d'être libéré, le prisonnier regarda la nouvelle venue d'un air suppliant. Succombant à son charme, cette dernière rassura la cruelle ingrate :

— Soit, j'accepte ta proposition. Je m'en vais donc l'épouser.

Ils repartirent tous deux, satisfaits, et se marièrent le lendemain. Ils eurent de nombreux enfants.

La Mort, cependant, n'oublie jamais sa promesse. En effet, depuis ce temps-là, elle réclame et emporte toute personne arrivée au terme de son existence.

Aussi la femme, en donnant la vie, apporta-t-elle également la certitude d'une mort inéluctable.

Le daman

Le brouillard matinal venait à peine de se dissiper... C'était un jour de fête au village. Les gens s'étaient levés tôt pour se rendre au marché. De toutes parts on se pressait afin de se procurer ce dont on avait besoin pour les festivités. C'était l'une des rares occasions où l'humeur était agréable au réveil. Le temps était chaud et humide ; le soleil brillait dans toute sa splendeur. Le ciel était couleur de flamme.

Comme tout le monde, le porc-épic s'était fait élégant. Il avait pris son panier à provisions et s'en allait au marché. Là, avant qu'il eût pu faire un seul achat, il croisa un très vieil ami, le daman. Ce dernier, tout joyeux, l'invita chez lui pour y passer la journée :

— Je veux bien venir chez toi, mais il faut que je fasse d'abord mes courses, fit remarquer le porc-épic.

— Pas besoin, rétorqua le daman, j'ai tout ce qu'il faut chez moi. De toutes façons, j'ai dans ma corbeille une très importante réserve de nourriture. Depuis des années que nous nous connaissons, je n'ai jamais eu l'occasion de t'inviter. Aujourd'hui, tu ne peux me refuser cette faveur.

— D'accord, je t'accompagne bien volontiers.

Ils se mirent en route. Ils marchèrent longtemps,

traversant plusieurs villages et forêts. Le porc-épic, qui avait un lourd costume, avait bien du mal à suivre son compagnon. Il soupirait et la sueur ruisselait le long de son corps. Mais au bout de cette peine, il espérait trouver satisfaction.

Ils arrivèrent cependant assez vite à la demeure du petit daman où sa femme vint les accueillir. La dame était très contente de voir venir chez eux quelqu'un de l'extérieur, car il y avait bien longtemps qu'aucun visiteur n'était passé. Elle servit à boire à tout le monde, puis se retira dans la cuisine pour y préparer des mets raffinés.

Pendant ce temps, les deux amis se racontaient des histoires amusantes et se disaient très satisfaits du moment agréable qu'ils savouraient. L'odeur alléchante de la cuisson châtouillait finement leurs narines, augmentant davantage leur appétit. Ensuite, la table fut servie et chacun prit place. Le daman, sitôt assis, entama goulûment le plat. Le porc-épic, quant à lui, semblait rencontrer un véritable problème pour s'installer ; la table était en effet bien trop haute pour sa petite stature. De plus en plus tenté, il ne pouvait plus se contenir et s'exclama :

— Mes amis, il paraît que les règles de l'hospitalité veulent que le convive se sente à l'aise pour manger. Vous m'avez gracieusement invité à partager votre couvert ; aussi permettez-moi de suggérer de savourer cet excellent repas à même le sol, assis sur une natte !

— Cela n'entre nullement dans nos habitudes. Grimpe donc comme nous sur la chaise et sers-toi de ce délicieux plat, rapidement ; sinon, tu n'auras plus l'occasion d'y goûter.

Le porc-épic, indigné, se dit qu'il n'avait pas le choix. Il essaya à maintes reprises de monter en s'accrochant au pied de la table. Mais ses efforts étaient bien inutiles. C'était trop haut pour qu'il puisse y parvenir. Et tandis que le pauvre, affamé, déjà affaibli par le long trajet, s'agrippait vainement et se morfondait de ne pouvoir se rassasier, le couple mangeait, imperturbable. Le porc-épic, attiré par les odeurs alléchantes, s'était finalement convaincu qu'il n'y avait pas de honte à dire que l'on a faim. Il supplia les gourmands de lui jeter ne fût-ce que quelques miettes. Mais aucune réponse ne vint. On ne faisait même plus attention à lui.

Comme il regrettait d'être souvent aussi naïf et de faire confiance trop facilement ! A présent, meurtri et excédé de l'attitude mesquine et médiocre de ses hôtes, il repartit chez lui. Le chemin du retour était bien long, très long. Il avait si soif et mourait tellement de faim qu'il aurait bien volé pour calmer son ventre vide. Sur sa route, il ne trouva que terre déserte.

Le soleil, doucement, se perdait à l'horizon ; le ciel se voilait de la brume crépusculaire ; un grand silence se fit. Il ne savait pas où aller dormir et dut s'abriter toute la nuit sous un tas de feuilles mortes.

Le lendemain matin, il reprit sa marche et arriva enfin chez lui, exténué. Depuis lors, il jura qu'il ne se fierait plus à personne. En effet, il dut se contenter, des jours durant, du peu de provisions qu'il avait dans son grenier, le marché ne se tenant qu'une fois en fin de semaine.

La nouvelle de sa mésaventure se répandit bien vite dans la brousse comme les grains de sables d'un tourbillon. Plus d'un animal en fut choqué. Plus personne n'osait se montrer avec le daman. Quand on le voyait, on le huait.

Les années passèrent. Le daman, convaincu qu'à présent son histoire était vieille et oubliée, s'en alla rendre visite à un porc-épic du voisinage. Seulement, il ignorait que l'unique chose que l'on eût pu envier aux porcs-épics était leur solidarité. Aussi, celui-ci, tout comme ses semblables, partageait-il l'humiliation infligée par le visiteur à l'un de ses congénères. Il se garda pourtant bien de le lui manifester. Il l'accueillit avec plus de gentillesse que lui-même ne s'y attendait. Il lui offrit généreusement à boire, à satiété. Ils parlèrent longtemps de tout et de rien.

Le crépuscule vint alors. Il était temps de souper. Le porc-épic savait que le petit animal avait très faim et s'empressa de faire mijoter quelques succulents mets. Je ne pourrais vous décrire ce qu'il y avait dans sa marmite, mais tout ce que je sais, c'est que sa cuisine sentait bon, si bon que tous ceux qui passaient devant chez lui, ce soir-là, salivaient rien qu'au plaisir d'imaginer ce qui excitait leur appétit à ce point. Le plat parfumait tout le voisinage. Le daman se grattait de nervosité, impatient de goûter à des mets aussi alléchants.

Une fois son œuvre achevée, le porc-épic l'apporta sur un plateau qu'il posa sur une natte. Le daman accourut très vite :

— Encore un instant, lui cria son hôte ; il faut d'abord se laver les mains dans de l'eau pure avant de toucher au repas.

— D'accord, reprit le visiteur.

Le porc-épic déposa un récipient empli d'eau, s'y lava les mains et commença à manger... A son tour, le daman trempa ses mains puis rejoignit son hôte pour enfin goûter au repas encore chaud.

— Mais tu as oublié de frotter tes mains ! Elles sont encore complètement noires. Il faut absolument les laver davantage. Tu ne peux partager mon couvert avec des mains aussi sales, lui fit remarquer le porc-épic.

Résolument, le daman reprit du savon qu'il fit mousser tant et plus sur ses paumes. Il se nettoya alors vigoureusement les mains. Mais il est vrai que ses mains restaient noires comme du charbon ! Il eut beau frotter, s'enduire de toutes sortes de détergents et désinfectants, râcler ses paumes,... jamais elles ne semblaient propres ! Il frotta tellement qu'il se râpa la peau. Aussi énervé qu'affamé, il s'en prit alors au porc-épic qu'il roua de coups.

Mais le maître des lieux rentra promptement sa tête dans le pli de son ventre pour se protéger. Il se roula sur lui-même et devint de la sorte une boule d'aiguilles réellement redoutable. Par la même occasion, il coinça la main de son agresseur à l'intérieur de son corps armé de piquants. Le daman avait très mal : sa main était toute meurtrie. Il pleurait tout haut. Et sitôt qu'il fut libéré de l'emprise de la petite bête, il courut sans demander son reste vers des lieux plus propices... Il ne fut poursuivi que par sa honte...

Le masque fétiche

Il faisait très chaud sous l'équateur, mais la brise légère apportait un peu de fraîcheur. Le jour entrait dans sa plénitude. Le ciel était, par-dessus les arbres, si rose, si merveilleux ! Les oiseaux, comme les insectes, chantaient leurs joies, leurs amours et leurs complaintes. Les fleurs se penchaient sur les bordures des sentiers, parfumant l'air à travers le village fier de leur beauté.

Dans cette belle contrée, un paysan se croyait assez rusé et averti pour jouer des mauvais tours à tous ses proches. Chaque fois que ses voisins allaient aux champs, il rentrait chez eux vider leur grenier. En fin de semaine, alors qu'ils restaient se reposer en famille, il visitait leurs cultures et pillait leurs meilleures récoltes.

Au village, on s'étonnait de voir qu'il détenait tant de bétail, de réserves de céréales, alors qu'il était réputé être le plus paresseux de la communauté. Des mois durant, les gens du pays se plaignirent de la disparition de leurs biens, mais personne ne savait comment attraper le voleur. Plusieurs pièges furent tendus, mais aucun ne se révéla efficace.

L'un des laboureurs, qui en avait vraiment assez de

se laisser appauvrir, décida d'agir. Il s'en alla consulter un de ses amis dont l'art magique était renommé. Celui-ci lui confia un masque-fétiche qui représentait un épouvantail.

— Voici mon chef d'œuvre, dit fièrement le féticheur. Emporte-le avec toi et place-le au milieu de ta propriété après l'avoir enduit de plusieurs couches de cire. C'est un piège infaillible pour le malin qui te dépouille de tes biens depuis si longtemps.

Enthousiaste, le paysan paya de quelques perles les services du sorcier et partit. En chemin, il acheta au marché une grande quantité de cire. Le soleil terminait alors sa course et colorait le ciel de ses mille couleurs. Il croisa quelques fermiers qui reconduisaient leur troupeau dans les pâturages, après la traite du soir.

Le travail dans la campagne s'arrêta peu à peu. Les récoltes ondoyaient sous une légère brise nocturne et les blés mûrs revêtaient une teinte dorée, accentuée par les dernières lueurs du soleil couchant. Il installa au centre de son terrain, parmi les épis les plus flamboyants, l'épouvantail de cire, et regagna sa demeure.

L'obscurité tomba et recouvrit tel un grand pagne le pays endormi. Sous le ciel étoilé, tout était calme. Ici et là chantaient criquets et grenouilles. Et dans les profondeurs obscures, les oiseaux nocturnes leur faisaient écho...

Convaincu qu'à cette heure les champs étaient déserts, le voleur partit avec son panier à provisions. Sur son chemin, il déroba d'abord des arachides, des maniocs dans tous les fonds voisins du sien. Sur le point de rentrer chez lui, il se souvint qu'il lui manquait des céréales. Il pensa au champ où se trouvait justement caché le fétiche de cire. Mais aussitôt eut-il touché à cette récolte qu'une voix grave s'éleva dans le ciel éclairé par la lune :

— Tu ne dois rien prendre ici sans mon accord et sans l'avis du propriétaire.

L'homme, surpris, demeura un instant pétrifié, puis s'interrogea :

— Qui peut bien venir m'effrayer à une heure aussi tardive, dans un endroit si lointain et si désert ?

Il décida d'aller voir de près celui qui donnait des ordres de manière aussi solennelle et commandait qu'on ne touche pas à la plantation dont il convoitait les fruits. Sa curiosité était aussi grande que sa gourmandise. Parmi les champs de maïs mûrs, dont les feuillages chantaient les odes des vents fatigués, il remarqua la présence d'un étrange masque aux traits moqueurs. Un masque qui, à peine avait-il aperçu le voleur, éclata d'un rire frénétique. Il rit si fort et si bien qu'il aurait certainement provoqué une hystérie de rire collectif dans un marché. Surpris, l'intrus tressaillit ; mais son calme une fois retrouvé, il se dit que ce n'est pas un vulgaire pantin qui l'empêcherait, lui qui était habitué aux errances nocturnes, de se procurer ce dont il avait besoin.

Alors il se pencha pour prendre un peu de céréales. A peine eut-il touché à la culture que le fétiche lui intima l'ordre d'arrêter ; mais il refusa d'obtempérer. Soudain, le gardien se mit à faire un vacarme alarmant et assourdissant. Le malfaiteur, de peur que les habitants des villages proches ne soient alertés, s'en approcha et dit :

— Tais-toi quand je fais ce qui ne te regarde pas ! Sinon je te mettrai en pièces.

L'épouvantail se mit à répéter ses propos de façon provocante, imitant également tous ses faits et gestes à la perfection. L'homme pensa qu'il avait sans doute affaire à un mauvais plaisantin. Il se rapprocha davantage et ordonna le silence absolu. Pour toute réponse, le fantoche le mima et une fois de plus se moqua de lui. Impatient, il résolut d'en découdre avec lui. Quand, excédé, il lui administra un bon coup de poing au visage, son poing resta collé.

— Hé ! Lâche-moi, cria-t-il, nerveux, en essayant de se dégager.

Puis il lança un autre coup avec sa main libre et celle-ci se trouva prise également. Alors il se débattit, tant et si bien que son corps fut vite englué dans la cire, et tous ses efforts pour se libérer furent vains. Il resta collé à tout jamais au masque de cire. Vous pouvez l'y voir encore aujourd'hui...

Le tison lumineux

Une femme très belle ne mettait au monde que des filles. Son mari, un homme cynique et cruel, lui en voulait beaucoup. Comme son plus grand rêve était d'avoir un fils, il ne pouvait qu'être mécontent de son alliance. Aussi avait-il juré que si le prochain enfant n'était pas un mâle, il tuerait son épouse et toutes ses filles. Fort malheureusement, la dame accoucha en secret d'une fillette absolument ravissante qu'elle désirait garder. Mais songeant à ce que projetait son époux, elle décida de la confier au destin. Elle mit le nouveau-né dans un panier de paille tressée qu'elle emporta jusqu'à l'orée d'un bois. Là, elle déposa le berceau sur les bords de la route déserte, espérant qu'un passant providentiel remarquerait sa fillette et prendrait soin d'elle :

— Ainsi, lui dit-elle, ai-je délivré tes sœurs d'une mort brutale. Que Dieu te protège, mon enfant !

La mère, l'âme en désarroi, reprit son chemin le cœur lourd. Hésitante, elle regarda toutefois disparaître derrière elle la nacelle contenant l'être qu'elle avait chéri dans son ventre neuf mois durant. Elle avait les larmes aux yeux.

L'enfant resta seule ; mais pas pour longtemps...

Mélise [1], génie aérien féminin plein de beauté, de grâce et de générosité, vint à passer par là et entendit des pleurs. Par bonheur, elle aperçut la petite fille abandonnée. Elle se pencha sur elle avec tendresse, caressa ses innocentes joues :

— Pauvre petite, dit-elle, je vais t'emmener avec moi jusqu'au prochain village. Je veux te confier à une famille d'accueil. Si je ne trouve pas quelqu'un de brave pour s'occuper de toi, tu viendras avec moi au royaume du vent où je t'élèverai.

Sensible, Mélise souleva la corbeille et l'emporta avec elle dans la brise légère. Portée par le courant aérien, elle traversa plusieurs contrées en quête des parents adoptifs, et fut finalement arrêtée par une masse sombre de nuages. Craignant pour la santé de sa protégée, le génie vint discrètement déposer celle-ci aux pieds d'un vieillard qui pêchait au bord de la mer...

L'homme vit le panier en osier, s'en approcha, imaginant y découvrir un trésor. En soulevant le couvercle, il aperçut une mignonne petite fille qui riait aux éclats et tendait vers lui ses bras potelés. Tout heureux, il emporta sa trouvaille en l'abritant sous son vêtement, et courut la montrer à son épouse stérile. Pleurant de bonheur, elle remercia le ciel de lui avoir enfin donné cette aubaine qu'elle avait espérée durant tant d'années. Ils l'adoptèrent d'emblée. Invisible, Mélise embrassa la fillette, jeta un sourire satisfait au couple, puis disparut sur un nuage léger qui s'éleva dans le ciel.

Des années passèrent pendant lesquelles, les époux élevèrent leur enfant avec beaucoup d'amour.

1. Mélise : génie aérien féminin plein de beauté et de grâce, dans la tradition populaire bantoue. Fig. : Femme d'une beauté captivante ; créature féminine de rêve.

En ce temps-là, l'électricité n'était pas encore connue et la nuit, lorsque la lune ne brillait pas, les hommes ne pouvaient s'éclairer ; les villes restaient plongées dans une obscurité absolue jusqu'au lever du soleil. C'est alors qu'apparut un tison lumineux qui s'allumait le soir et illuminait tous les pays. Il permit aux habitants, surpris et satisfaits, de vivre et de travailler nuit et jour. Mais sitôt la nouvelle de cette merveille fut-elle répandue que tous les monarques du monde désirèrent ardemment se l'approprier. Ils firent des promesses fastueuses à quiconque la leur apporterait. Mais s'en emparer n'était pas chose facile. Personne ne pouvait s'en approcher sans devenir aveugle, car il luisait autant qu'un soleil ardent.

La petite décida également de tenter sa chance, bien que des milliers d'hommes aient péri dans l'aventure. Ses parents adoptifs, convaincus qu'elle était plus que jamais résolue, l'amenèrent voir un grand féticheur et voyant. Celui-ci lui apprit que le tison était une invention du mauvais génie et qu'il fallait le dérober durant la journée, où sa luminosité baissait, dans son repère :

— Mon enfant, dit-il à la jeune fille, si tu tiens vraiment à y aller, c'est un grand risque. A la vérité, il n'existe qu'un seul moyen pour l'obtenir. Cependant, il est si périlleux que tu n'y arriveras jamais.

La demoiselle se dit : « Je suis certaine que j'y arriverai. » De sa voix émue, elle supplia le nganga [2] de l'aider. Celui-ci lui remit des œufs magiques et lui expliqua :

— Ces œufs ne sont pas de ceux que couvent les poules dans les fermes. Chaque fois que ta vie sera en danger, casses-en un et tu verras.

Après ces paroles, les parents payèrent les services

2. Nganga : féticheur.

du magicien et s'en allèrent, soulagés, en compagnie de leur enfant tant aimé. Une fois chez elle, la jeune fille apprêta ses bagages, embrassa les siens en pleurs et partit à la recherche de ce bien merveilleux qui guérirait leur misère.

Elle marcha longtemps dans la forêt, jusqu'à ce qu'elle se trouvât seule. La nuit tombait et la savane s'emplissait de ses clameurs nocturnes. La belle enfant eut peur et se mit à trembler. Ses jambes s'entrechoquaient. Comme un grand frisson la secoua, elle laissa choir un des œufs prodigieux. Celui-ci explosa à ses pieds, dégageant une âcre fumée...

Lorsqu'elle se dissipa, elle découvrit un sentier, apparu par enchantement. Elle le suivit courageusement. Il devint de plus en plus pénible, environné de ronces qui s'accrochaient à son pagne, lui écorchant les bras au passage. Tout à coup s'ouvrit l'entrée nauséabonde d'une caverne... Se souvenant qu'elle ne pourrait prendre l'objet précieux que pendant le jour, elle se dissimula près du pertuis, derrière un arbuste.

Au-dessus de sa tête étincelait, superbe, le tison convoité.

A l'aube, elle fut réveillée par un frôlement abject. Le mauvais génie, blafard, s'engouffra dans la caverne. Il brandissait l'immortelle lumière. Après une interminable attente, elle pénétra dans l'antre. Dans une loge murale d'or massif, elle aperçut le brillant éclat. Au moment où elle tendait la main pour le saisir, elle rencontra le regard de braise de son propriétaire. Avant qu'il ait pu esquisser un geste, elle lui lança à la tête un œuf dont le contenu le recouvrit d'un liquide bouillant et gluant. Le génie hurlait de douleur et de colère pendant qu'elle s'emparait du tison et s'élançait vers l'aube.

Elle franchit la barrière de ronces, y laissant des

lambeaux de son pagne et, épouvantée, voulut s'enfuir au plus vite. Mais elle entendit derrière elle un souffle court et furieux ; se rappelant alors les paroles du féticheur, elle lança un œuf sur ses pas. Une mer immense surgit et engloutit son poursuivant.

Elle reprit sa course, soulagée mais tomba encore sur une bande de voleurs. Ceux-ci, voyant qu'elle dissimulait derrière elle un objet resplendissant, s'imaginèrent qu'il s'agissait d'un bien précieux et s'avancèrent vers la jeune enfant terrorisée. Ils se mirent soudain à lui disputer violemment le trésor dont ils n'ignoraient pas la valeur. C'est alors qu'un autre œuf se brisa et remplit le ciel d'un essaim d'abeilles qui attaquèrent les brigands. Ceux-ci s'enfuirent, se bouchant les oreilles, le nez et les yeux, en gémissant de douleur.

Exténuée, la fille repartit pieds nus, car elle avait perdu ses sandales dans sa course. Après d'innombrables heures de marches, elle s'assit, inquiète. A l'idée qu'elle s'était perdue, elle pleura. Dans son désespoir, elle lâcha le dernier fétiche qui se transforma en un fougueux alezan. Ravie, elle l'enfourcha et partit au galop. Le soir, alors que les premières étoiles apparaissaient dans le ciel, elle arriva enfin au palais, heureuse de rapporter son précieux cadeau au roi.

— Majesté, lui dit-elle, je viens chercher la récompense promise.

Etonné qu'un tel exploit ait pu être accompli par elle, le monarque examina de plus près celle qui se tenait respectueusement à ses pieds.

— Désormais ta place sera auprès de moi. Je n'ai pas eu la chance d'avoir d'enfant. De ce fait, c'est toi qui hériteras de mon royaume et de tous mes biens. Ta famille, si tu en as une, peut dès ce jour partager ta nouvelle vie dans ce qui est désormais ton palais.

Pleurant de joie à l'idée d'une telle offre, elle fit venir ses parents adoptifs qu'elle aimait de tout son être. Et ils vécurent heureux à la cour du monarque, désormais admiré et respecté par tous.

Le messager de l'étrange

Il était une fois un petit garçon qui avait le pouvoir de savoir les choses à venir, sans pour autant savoir d'où il le détenait. Quoi qu'il en soit, tout ce qu'il prédisait se réalisait. Or, un soir de pleine lune, il se rendit auprès de sa mère, qui était déjà veuve, et lui dit :

— Promets-moi que tu ne me laisseras jamais orphelin.

La mère, qui ne s'imaginait pas la portée de cette promesse, s'engagea bien sûr à ne pas abandonner son fils seul dans la vie.

Une nuit, alors que le jeune enfant était couché dans son lit, un spectre passa au travers d'un mur. C'était son père défunt qui venait le prévenir de la mort imminente de sa gentille maman. Le lendemain matin, il raconta à sa mère son étrange vision et l'assura qu'il ferait tout pour empêcher que cela n'arrive.

Les mois passèrent. Un jour, la dame tomba soudain gravement malade et, malgré les soins qui lui furent prodigués, la vie s'échappa de son être ; mais son âme se leva comme une ombre, se vêtit et se mit à balayer devant la maison familiale. Sur le seuil, à côté du corps immobile, l'enfant reconnut sa mère. Son double déplaçait et arrangeait leurs biens. On pouvait aussi entendre toutes leurs armoires, leurs ustensiles et les bêtes s'agiter bruyamment. Ainsi, les voisins surent que quelqu'un du village venait de mourir. Après avoir terminé ses travaux ménagers, la défunte n'osa plus regarder son enfant de face et se déplaça à reculons comme le font tous les morts. Durant toute la nuit, l'ombre veilla sur le corps froid, écartant les mouches et les moustiques de la dépouille.

L'enfant comprit que c'était la fin de celle qu'il aimait. Il pleura beaucoup, mais il se souvenait aussi que jamais elle ne partirait sans lui. Pour lui, une promesse était une religion.

A l'aube, les gens assistèrent aux obsèques. Ce jour-là personne ne quitta le village pour aller travailler.

Pendant la veillée mortuaire, deux émissaires de la mort vinrent chercher la défunte ; pendant que tous les parents, amis et voisins pleuraient pour épuiser leur chagrin, les revenants se saisirent de l'appelée à l'air si triste. Mais elle cria :

— Je ne veux pas abandonner mon enfant.

Elle se débattait de toutes ses forces, mais nul ne pouvait entendre ses cris ni voir sa résistance désespérée, sauf son fils initié. Celui-ci appela au secours :

— Venez vite, les morts entraînent ma mère de force ; il faut les en empêcher ! Venez vite, s'il vous plaît... !

Mais nul ne comprit sa plainte, que le vent. La foule présente éclata de rire, le croyant devenu fou. Pendant ce temps, les spectres avaient pu emprunter le chemin du retour. Invisibles aux regards profanes des villageois moqueurs, leur présence ne trouvait de visage que dans les tristes yeux du jeune orphelin. Il se mit à courir derrière eux, les sommant de lâcher leur captive. Mais ceux-ci restaient sourds à ses appels et continuaient leur marche. Ils se déplaçaient aussi vite que les rayons du soleil. Comme l'enfant dans sa poursuite s'éloignait de plus en plus de son pays, ils se mirent à chanter à son adresse :

— Enfant, rentre consommer les jours qui te sont impartis. Ne nous suis plus. Nous sommes de bons esprits mais nous sommes aussi des morts.

— Je veux venir avec vous, cria l'enfant, jusqu'à ce que ma maman dont vous avez pris l'âme me soit rendue. Vous me tuerez parce que j'ai l'audace de m'approcher de vous. Mais peu importe, plutôt être tué par vous que vivre sans l'amour de ma maman.

Les deux envoyés étaient abasourdis. Ils n'en revenaient pas de cette intrusion dans leur mission. Depuis que le monde existe, cela ne s'était jamais produit. Nul humain n'avait vu, entendu ou touché un messager de l'au-delà. Bien que les morts et les vivants se croisaient sur les routes, dans les sentiers, à travers les villages, le même champ, le même marché et quelquefois aux mêmes heures, jamais ils ne se reconnaissaient entre eux. Les vivants restaient entre eux et les morts parmi les morts. Aussi, ce qui se produisait était-il exceptionnel. L'enfant avait vu les revenants, il les avait reconnus, il les avait entretenus et il les avait suivis.

Surpris de cette nouveauté, les deux individus venus chercher l'âme promise étaient troublés, effrayés, voire affolés. Pendant ce temps-là, provoqué, brisé, jurant et priant qu'on l'emmène, le fidèle enfant s'était agrippé à l'un d'eux. Il pleurait avec l'énergie du désespoir pour rester auprès de sa mère. Que devaient-ils faire ? Ils ne pouvaient ni rentrer les mains vides, ni ramener quelqu'un qui n'était pas prévu. Quelqu'un avait-il violé l'interdit ? La coutume avait-elle changé ? Dieu aurait-il bouleversé la tradition sans en prévenir ses propres commissaires ?

Et l'un d'eux de suggérer à l'autre :

— Nous ne pouvons pas l'emmener avec nous. Nous ne sommes appelés ni à juger, ni à choisir, ni à décider. Alors, il ne nous reste qu'à réveiller son espérance avec notre hymne à la vie. Ainsi, il repartira chez lui.

Dès lors, ils entonnèrent en chœur un chant harmonieux et magique :

« Enfant, sois sage et retourne chez toi
briller comme l'ultime étoile de tous les tiens
Ta mère doit te quitter pour le pays des ancêtres.
Elle est aujourd'hui une appelée, une morte,
Elle est l'œil de notre chemin,
le soleil sans lequel nous deviendrons des esprits
[errants
Sans patrie, sans famille et condamnés à vaga-
[bonder
Comme des génies humiliés ; hantant la terre de
leur malédiction. Ta mère est ce phare qui
doit nous guider à notre commune demeure.
Nous ne sommes ni sorciers ni démons ;
mais les compagnons de tous les élus.
L'arbre de la sagesse n'ira pas perdre ses fruits
et ses anecdoctes dans le feu profane ;
et l'aube nouvelle t'apportera sa vigueur.
Nous n'avons pas à décider de ta destinée,
Nous ne pouvons non plus retourner les mains
[vides.
Alors, sois gentil et ne nous suis plus,
Tes larmes sont des lames qui nous fendent le
[cœur
comme une foudre déchirant les nuées ! »

Au terme de leur mélopée, les deux spectres disparurent de la vue de l'enfant qui demeura surpris. Malgré cela, il s'obstina et se mit à marcher sur leurs traces. Au cœur de la savane dansante, enchantée, suivant le sillage imprécis des fugitifs errants, il cherchait l'écho de leur chant éperdu.

Son intelligence était aussi vive que l'éclair. Il s'arrêta, se concentra et se dit qu'il devait peut-être y avoir quelqu'un qui les avait sentis passer : quand les morts passent quelque part, les chèvres se mettent à bêler, la brousse s'affole et les cheveux se dressent sur la tête des vivants. Regardant autour de lui, il aperçut un paysan et ses deux enfants occupés à sarcler leur champs de maïs. Il s'arrêta et leur demanda de l'aider à rejoindre ceux qu'il poursuivait :

— Si tu veux que nous te le disions, fit observer le paysan, tu dois nous aider à capturer celui qui recouvre nos terres d'herbes sauvages, que nous arrachons toujours comme si elles n'avaient jamais été enlevées.

L'enfant doué accepta la proposition et travailla avec eux jusqu'au crépuscule. L'ouvrage terminé, le paysan et ses enfants regagnèrent leur demeure, tandis que le jeune initié se cachait dans un buisson pour mieux surprendre l'auteur de ces forfaits.

Il n'eut pas à veiller longtemps ; il vit un bébé qui arrivait à quatre pattes. Il sifflait dans son cordon ombilical comme s'il sifflait dans une corne de bouc et cela faisait un vacarme terrible. Puis, il s'arrêta de marcher, frappa le sol de son cordon ombilical et ordonna aux mauvaises herbes déracinées de reprendre vie comme si elles n'avaient jamais été coupées. Le champ se trouva spontanément recouvert d'herbes fraîches. Alors l'initié surgit de sa cachette, attrapa l'étrange bébé et l'apporta au village.

Quand le paysan, bien que surpris, demanda au fauteur pourquoi il lui avait causé tant de dommages, celui-ci répondit qu'il agissait de la sorte parce que le paysan était son père. Il avait été oublié dans le ventre de sa mère à la naissance de ses deux frères jumeaux, et celle-ci était morte de cette erreur. Alors, s'étant sauvé seul, il avait décidé d'user de son curieux pouvoir pour punir l'indifférence et l'inattention de son père.

Le fermier, frappé par cette révélation, s'effondra de chagrin et ne put contenir ses larmes. Père et fils, alors, se réconcilièrent. Le bébé ordonna ainsi aux mauvaises herbes de se faner et à la terre de se défricher. Ce qui se réalisa immédiatement.

Pour remercier le passant, le paysan lui attacha un cauri au cou et lui conseilla de se rendre au marché :

— Là, tu verras des vivants et des morts ; grâce à ce cauri fétiche, tu sauras distinguer les uns des autres. Ainsi, tu retrouveras ceux que tu poursuis. Tu les suivras à la fin du marché jusque dans leur pays. Là, caché parmi eux, tu demanderas que la palabre se réunisse pour que tu puisses récupérer ta mère.

Le jeune initié se rendit donc au marché — où se rencontraient tous les gens de la ville et de tous les villages environnants, mais aussi les génies bons ou mauvais, les morts et les esprits de la savane et des diverses forêts. Ils venaient à ce marché pour vendre ou acheter des marchandises. C'est là aussi que passaient tous ceux qui venaient de mourir. Ils s'y arrêtaient obligatoirement car ils devaient y effectuer leurs derniers achats pour l'ultime voyage.

Le petit se mêla à la foule, et tel que prédit, il ne fut pas long à repérer sa mère et ses surveillants. Toute la journée il les suivit à distance parmi les échopes. Le soleil se couchait et la place se dépeuplait. Chacun s'en retournait chez lui chargé de victuailles. L'enfant n'avait pas relâché son guet. Ayant vu sa mère et ses deux accompagnateurs quitter les lieux, il leur emboîta le pas et les suivit jusque chez eux.

A son arrivée au pays de la mort, il s'en alla voir le chef du village où sa mère venait d'être accueillie afin d'obtenir qu'il réunisse le conseil des sages. Le chef convoqua la palabre. Une fois tous ses membres présents, la décision tomba :

— Tu veux soit rentrer avec ta mère, soit rester chez nous avec elle. Mais en aucun cas, tu n'acceptes d'être séparé d'elle. Tu es si brave, dès lors tu vas te rendre au village proche de chez toi, village qu'entoure le grand lac vert. Là, tu verras une jeune fille du nom de Mianda N'Jila. Nous te conférons le pouvoir qui va ou prolonger sa vie, ou entraîner sa mort. Tu ne peux pas revenir chez nous sans elle. Dès qu'elle sera morte, tu repartiras avec ta mère.

Au nom de la jeune fille qu'il devait ramener, il sursauta d'émotion car il la connaissait et l'admirait. Il aimait la voir avec ses pagnes colorés sillonner les alentours du village et des bois, gaie et pleine de grâce, alors qu'elle cachait au fond de son cœur une affection sincère pour lui. Hélas ! Il avait de quoi gémir sur son sort. Bien que déçu de ce nouveau dilemme, il s'en alla. Son cœur était plein d'espoir. Il était sûr de réaliser sa mission sans la moindre difficulté.

Il marcha longtemps à travers la brousse que peuplaient les animaux sauvages. Sous un ciel ambré, à travers la savane lourde du parfum des fauves, striée de palmiers isolés dans les hautes herbes, il pressa le pas et parvint presque épuisé au pays de la demoiselle désignée. Tout autour, l'aube diluvienne endormait les feuilles et les embruns humidifiaient des roseaux qui bordaient les habitations. Une fois arrivé au village caressé d'un soleil d'hibiscus, et lorsqu'il eut livré son message à la jeune fille, l'un de ses parents, d'humeur sombre, l'œil inquiet comme un mourant, s'exclama d'une voix songeuse et fort émue :

— Je ne comprends pas que la mort ne soit pas venue elle-même et qu'une mission si étrange soit confiée à un enfant ! C'est la première fois que je vois un vivant en réclamer un autre afin de le conduire dans la mort.

Frissonnant à l'annonce de sa fin, la belle et intelligente Mianda restait près de l'envoyé perfide qui avait été son ami d'enfance. Son regard rempli de souvenirs semblait lui réclamer un sursis inespéré. Soudain une colère comme une tourmente d'écume assaillit la jeune fille et elle le fustigea de ces durs propos :

— Ignoble soit la vie sans descendance, quand mon ventre ne refuse aucune naissance. Serais-tu si égoïste que nulle autre présence que ta mère ne saurait satisfaire un cœur comme le tien ? Tu ne vois que toi, tes amours et tes inquiétudes. As-tu déjà pensé une fois aux autres ? N'étais-je donc venue au monde que pour des plaisirs éphémères et pour partir sans jamais accomplir mes profondes aspirations ? Puisqu'on m'a choisie pour être la fin de ma triste lignée et que je ne suis point autorisée à rejeter ton appel aussi injurieux que le vent insolent dont les vulgaires élans emportent les pagnes de jeunes filles gênées, je te suivrai dans le dessein que tu me proposes.

Pendant que la demoiselle parlait ainsi, sa mère, le corps tremblant de vieillesse et d'effroi, désignait à tous les badauds accourus sur le parterre le messager de l'étrange dont le visage était à peine crispé. Toute la famille l'observait avec crainte. Son message tint le village en éveil. Mais lui restait froid et imperturbable face à l'émoi qu'il avait provoqué. Courageux, il ne voulait pas devenir un lâche. Sa foi était une tombe que, rêveur obstiné, depuis son jeune âge il entretenait ; rien ne modifierait sa fidélité cloîtrée.

Et, pour ne pas voir les yeux trempés de pleurs de la jeune fille, il pensa à ses défunts : le père poète et la mère douce et chaleureuse. Tout un univers lointain, absent, presque mort à jamais ! Il était semblable au chantre de la non-concession.

Saisissant la prière indicible, le père de la jeune fille se morfondait sous le feu du firmament et poussait de longs gémissements. Mais, après mûre réflexion, il proposa :

— Mon enfant, tu dois comprendre qu'en une seule journée, tu as apporté un doute ineffaçable sur les mystères de la vie. Tu nous as tous surpris et à la fois choqués. Tout ce que je voudrais comme faveur, c'est que tu nous laisses un peu de temps pour préparer notre enfant à ce voyage imprévu.

— D'accord, reprit le jeune, je vous accorde sept jours. Le septième jour sonnera pour moi l'âge adulte. Pour cet événement, je tiens à faire une fête avec ma mère.

Après cette convention, on prépara pour l'étrange visiteur une case luxueuse où il resterait jusqu'à la date convenue. Durant ce délai, le jeune homme se plut à garder au fond de sa mémoire l'image de sa mère et ne pensa qu'à leurs retrouvailles. La séparation rendait son cœur de plus en plus cruel. Enfant rêveur, il avait depuis connu l'angoisse, les larmes et les remords d'une jeunesse déchirée. Sa vie n'avait été qu'un triste malentendu ; la mort et le désespoir avaient créé une telle confusion en son âme qu'il y demeurait bien peu d'affectueuses compassions.

Mais, le septième jour arriva. Lorsque le jeune homme apparut aux yeux de la jeune fille afin de lui réclamer le respect de son serment, elle était si belle qu'il s'en éprit. En effet, la demoiselle dans son pagne ondoyant et nacré qu'elle avait préparé pour l'occasion était splendide comme une déesse. Sa peau couleur de miel et ses cheveux d'ébène ciré resplendissaient au soleil vibrant de l'aube tropicale. Elle était envoûtante même par ses tresses noires. Le jeune homme était confus. Mianda N'Jila remarqua son trouble profond. Devinant qu'elle pouvait de ce cœur admiratif obtenir en plaisantant un sentiment inédit, elle sussura :

— Je veux que tu deviennes mon époux ! Il te faut, pour rendre hommage à ta famille comme un fils prévenant, poursuivre ta lignée et honorer la vie que tu dis apprécier. Je voudrais que, pensant à ta mère, ton espoir du lendemain soit toujours agrandi ; et que ta source menacée de sécheresse coule à flots débordants dans de nouvelles rivières. Quand la fécondation, comme un orage, aura de mon crépuscule déchiré le voile, j'apprêterai mes bagages toute résignée. Puis, je te suivrai comme un grain de sable suit la tempête. Ensemble, nous irons où la mort m'attend en échange de ta mère.

C'est ainsi que l'orphelin reporta à plus tard le jour du départ. La lumière avait versé dans ses yeux l'amour et l'espoir. Durant des années, il vécut à l'ombre de son despotique cauchemar. Nul ne soupçonnait ses abîmes intérieurs tant il était constant dans sa quête du bonheur conjugal. Il errait dans le désert comme un dieu incompris. Mort, départ, oubli, rien ne lui était plus étranger. La vie était dure, ses espoirs blessés et sa foi pleine de cassures ; sa compagne, il fallait la comprendre avec le cœur. Ses pleurs innocents creusèrent un lac dans son âme. Son charme l'avait enivré. Malgré cela, il vivait heureux parce qu'il avait oublié ! Et parce qu'il aimait ! Mais ce qu'il déplorait surtout, ce qui le faisait languir, c'était l'absence de sa mère. Hélas ! Il fallait attendre encore ! Jour après jour comme tout mortel.

Il trouvait pourtant dans ce village, au-delà des vallons et des coteaux où la vie coulait ses jours paisibles, la sérénité qui fait qu'on voudrait s'arrêter. Il découvrait dans le mariage la douceur grandissante et le bonheur immense ; les jours étaient gais et tout semblait lui plaire. On aurait dit que l'obsession d'aller échanger sa femme contre sa mère avait déserté son esprit.

Un matin, sa femme accoucha d'un fils ; il devint ténébreux et insistant : rien n'avait dans son âme terni l'espoir de retrouver sa mère. Il pensa très vite à rappeler la promesse ancienne à sa compagne. Quand celle-ci le vit arriver, mélancolique, et l'entendit présenter sa fruste requête, son être se déchira. Cette âme close, ingrate, l'avait hypocritement fait rêver aux charmes de l'amour et croire en leur bien-être à deux :

— Pardonne-moi, dit-il, si personne ne me comprend et si nul n'a ma foi. Je ne suis point corrompu et personne ne me fera changer d'avis. Maintenant que tu as un héritier, il nous faut partir chercher ma mère.

— Comment veux-tu que je te suive ? Il faut attendre que l'enfant grandisse et ensuite, nous partirons. Notre fils a besoin de notre commune affection. Il ne faut pas le couvrir d'infâmie pour venger tes parents à jamais partis.

Et cependant, voilà des jours innombrables qu'il exigeait ce voyage sans pitié ni remord, tellement il avait foi en sa parole et en son devoir. Enfant imperturbable, il était devenu un mari implacable. Mais quand l'enfant devint grand, sa femme en attendait un second. Ainsi de suite jusqu'à ce qu'il devint grand-père.

Vieux fatigué aux rêves essoufflés, il s'en alla avec sa belle épouse rejoindre sa préférée au doux sourire, aux regards attendrissants.

Les deux sœurs

Deux sœurs habitaient un charmant village africain. Les hommes de cette bourgade prétendaient que l'aînée était la plus belle, tandis que la cadette était la plus avenante. Cette dernière, très diplomate, disait que sa sœur était la plus gentille et qu'elle n'était pas jalouse de son succès. Elle ne prêtait d'ailleurs pas attention aux dires des villageois et songeait que les gens étaient méchants de passer ainsi leur temps à les comparer. A ses yeux, sa sœur et elle étaient les fleurs jumelles d'une même branche d'orchidée.

Convaincue qu'il ne s'agissait que de provocation, elle devint peu à peu indifférente à tout discours. Les deux sœurs grandirent en beauté, et furent bientôt en âge de se marier. Mais dès lors, chaque fois qu'un homme rencontrait les deux sœurs, c'était à la cadette qu'allaient ses compliments. Tous avaient de l'estime pour elle, la trouvaient belle, intelligente et charmante, ce qui déplaisait beaucoup à l'aînée, qui au demeurant était très orgueilleuse.

Les choses empirèrent quand tout prétendant qui venait voir les parents déclarait vouloir épouser la cadette : personne ne souhaitait entendre parler de la plus âgée.

Comme la bonne réputation de la petite allait croissant, un notable étranger délégua un parent pour venir solliciter sa main. La famille de la jeune fille accepta. L'aînée, d'abord étonnée, devint aussitôt furieuse : elle ne pouvait comprendre qu'un homme riche et respecté dans son pays lui eût préféré sa sœur. Elle pensait qu'une fois sa sœur mariée, elle serait la risée de tout le pays.

Craignant de demeurer vieille fille, elle se dit : « Jamais je ne me laisserai humilier, jamais je ne laisserai ma sœur se marier avant moi. Je prendrai donc sa place et rien ne pourra m'arrêter. »

Et afin de relever ce qui était devenu pour elle un défi, elle se rendit chez un féticheur capable de jeter un mauvais sort à la future mariée. Elle choisit la tombée de la nuit pour s'éclipser discrètement du village, n'emportant qu'un mince baluchon pour le voyage.

Le soleil se couchait à l'horizon, tandis que dans les cases les familles s'affairaient. Les mères servaient le repas à leur mari et aux enfants... L'odeur de gazelle rôtie montait au ciel, pendant que les petits piaillaient en vidant leur bol de manioc.

Elle jeta un dernier regard à la maison de son père, le chef, et s'enfonça dans la savane. Elle portait son pagne de coton rouge sang et avait noué un fichu vermillon sur ses longs cheveux tressés. Ses bras d'ébène étaient parés de tous ses joyaux, bracelets d'or et de plumes, tandis qu'à ses oreilles cliquetaient de petites pierres précieuses. Elle marcha des lieues et des lieues, tandis que de la brousse montaient les effluves du soir et les cris des milliers d'animaux qui peuplent les nuits africaines... Les grands fauves chassaient le pécari, et çà et là s'enflait un vibrant râle de mort... Le souimanga lançait ses trilles, songeant à la beauté de la saison des pluies. Ainsi se passa cette première nuit.

Au matin, elle croisa un nain qui lui demanda :

— Où te rends-tu donc, ma belle enfant ?

— Je cherche un fétiche capable d'ôter toutes ses chances à ma petite sœur pour me les donner à moi, répondit la belle Africaine.

— Je ne peux t'aider, lui répondit le petit homme, et s'il est encore temps, renonce à vouloir vivre la vie de ta sœur et retourne chez toi. Il est vrai qu'elle est plus admirée que toi, mais les gens l'aiment davantage pour son âme que pour son corps, car elle n'est pas plus belle que toi.

Furibonde, la sœur aînée reprit sa route, souhaitant au pauvre nain de périr sous la dent d'un léopard.

Elle poursuivit son chemin dans l'immense prairie sans fin, s'étonnant à chaque pas du spectacle qui lui était offert... Elle aperçut un groupe d'arbres qui abritaient une famille de lions. Ceux-ci se reposaient à l'ombre, digérant le repas de la veille. Les petits mordillaient les oreilles de leur mère, calmés de temps à autre par un coup de patte nonchalant.

La jeune fille pressa l'allure, inquiète malgré elle, et croisa le cours d'une rivière. Elle s'assit au bord de l'eau, ôta ses sandales et plongea les pieds dans l'onde froide. Que l'eau était rafraîchissante ! Elle la laissa couler dans le creux de sa main et la fit glisser le long de son visage et de son cou en grosses perles cristallines. Elle savourait le moment présent, en oubliant presque le but de son voyage.

Elle se rechaussa, suivit le cours du ruisseau qui serpentait le long de la forêt vierge et rencontra un aveugle qui lui demanda où elle allait.

— Je cherche, lui dit-elle, la personne qui sera apte à me donner tout ce que ma sœur a de mieux ; je veux être la préférée.

— Ah, mon enfant ! s'exclama l'aveugle. Mon pouvoir ne sert qu'à rendre les gens heureux et à faire le bien autour de moi. Ce que tu désires jettera la malédiction sur ton destin. Si ton cœur ne brûlait pas de méchanceté, j'aurais agi et accompli un miracle. Hélas, tu recherches le malheur pour un être bon qui t'aime bien plus qu'elle-même. Je ne peux t'encourager à lui nuire.

Rageuse, elle insulta le pauvre homme et continua sa route en le maudissant.

Elle arriva à l'orée d'un village, où elle rencontra une vieille dame. Celle-ci était vêtue d'un boubou couleur de savane, d'ocre et de verts dégradés... Son visage irradiait la bonté et ses petits yeux noirs pétillaient de malice et d'intelligence. Elle se tenait assise sur un mortier, le pilon posé sur la tête. La jeune fille pensa que le soleil avait affaibli son esprit. Elle se dit que si elle n'avait pas perdu la raison, elle aurait posé son pilon à terre, se dispensant de porter un tel poids inutilement. Mais la vieille, qui avait lu dans ses pensées, l'interpella :

— Je connais ton dessein, lui dit-elle. Tu veux du mal à ta sœur !

— Qui es-tu et pourquoi ce pilon sur ta tête ? interrogea la jeune fille surprise.

— Ce pilon te barrera la route, répondit la vieille dame. Si tu veux être heureuse sans léser les autres, j'accepte de te le confier, mais si tu ne renonces pas à ta convoitise, tu vivras un très grand malheur.

La vieille déposa l'objet sur le sol poudreux et curieusement le pilon se mit à grandir jusqu'à couper la voie en deux.

— Si tu tiens à rester toi-même, prends ce pilon et rentre chez toi. Si tu es résolue à obtenir la chance de ta sœur, sache qu'en traversant cet objet, tu ne rencontreras plus que sorciers et mauvais génies.

Après une longue hésitation, la jeune beauté enjamba le pilon, s'élança dans le royaume des génies et poursuivit sa route. Une brume épaisse s'éleva derrière elle, la coupant du monde des vivants. Elle se retourna pour voir une dernière fois la vieille femme, mais celle-ci avait disparu.

Non loin de là, elle découvrit un autre village, plus grand et plus animé que le précédent. Elle pénétra dans l'enceinte de la ville et aperçut la boutique d'un kapokier. Son intuition lui commanda de s'adresser à l'artisan qu'elle salua :

— Que fais-tu ici ? lui demanda l'homme.

— Je voudrais échanger ma vie contre celle de ma sœur, expliqua la jeune demoiselle.

— Viens, dit le kapokier, je vais te conduire chez l'affreuse sorcière qui exauce les désirs les plus sinistres.

Sans plus attendre, la mesquine le suivit chez la vilaine femme. Elle entra dans une étrange hutte où régnait la pénombre. Des vapeurs d'encens et d'épouvantables odeurs de soufre montaient du feu, où se consumaient des restes d'animaux... Un vautour déplumé se balançait d'une patte sur l'autre, tandis qu'une hyène atroce se frottait avec délectation contre une horrible petite vieille couverte de pustules.

Deux yeux mauvais glacèrent d'horreur la jeune fille qui faillit s'enfuir à toutes jambes.

La vieille agita une main décharnée et secoua sa tignasse malpropre. C'était la servante de la sorcière. Surprise, elle s'informa des raisons d'une telle visite.

— Je cherche l'ensorceleuse, dit la jeune fille en bégayant de crainte.

La servante souffla dans une corne de buffle... Une fumée âcre en sortit et se répandit dans la hutte, faisant apparaître plusieurs pièces et galeries lugubres où pendaient çà et là des peaux de guépards, tandis qu'une collection de crânes humains était disposée avec soin sur un coffre d'ébène. Il s'agissait de coupes dans lesquelles la sorcière versait de bien étranges boissons lors d'obscures cérémonies. La servante pénétra dans la pièce la plus sombre pour prévenir sa maîtresse de l'arrivée d'une visiteuse.

— Recevez l'étrangère et donnez-lui de l'eau pour qu'elle se lave les pieds, dit la sorcière.

La servante apporta une calebasse d'eau à la jeune fille, avec les recommandations de sa maîtresse.

La sœur aînée se lava et suivit la femme auprès de son hôtesse.

— Que veux-tu, mon enfant ? interrogea la magicienne.

— Tous les hommes me préfèrent ma sœur, se plaignit la belle, et je voudrais l'ensorceler afin qu'elle devienne horrible et répugnante.

— Que m'offres-tu en échange ? demanda l'abominable femme.

— Tout ce qu'il te plaira ! s'écria-t-elle.

— Je me contenterai de tes beaux cheveux, ma fille, dit la vieille dame.

Sans hésitation, la jeune folle accepta et se fit couper les cheveux, qu'elle avait très beaux.

Alors commença la cérémonie infernale de l'envoûtement. La magicienne parla aux mauvais esprits, et dans la brume qui emplissait la pièce, la jeune fille distingua des figurines de cire disposées les unes à côté des autres dans des niches de terre.

La sorcière suggéra à l'orgueilleuse de choisir l'une d'entre elles, à laquelle sa jeune sœur allait bientôt ressembler.

La demoiselle désigna la plus laide des poupées, qui

était borgne, bossue, bancale et chauve. La sorcière jeta sur l'objet un mauvais sort... Puis, après maints gestes et paroles incantatoires, elle enfonça une aiguille brûlante au flanc de la statuette. Celle-ci hurla de douleur et se tordit en pleurant, criant grâce. Et à la stupeur de la jeune fille, la figurine, frémissante, se métamorphosa et prit l'apparence de sa petite sœur.

Le rite achevé, l'envoûteuse pria la cliente de rentrer au plus vite chez ses parents en feignant l'indifférence et surtout en gardant le secret sur sa démarche.

Elle s'enfuit donc sans tarder et regagna son village avant la nuit. Celle-ci couvrit d'ailleurs bien vite le pays de son masque d'étoiles. Le feu brûlait au centre du bourg, tandis que quelques guerriers veillaient sur les cases. Seules, plusieurs chauves-souris passaient et repassaient au-dessus des flammes, distrayant les hommes de leur sommeil.

Une fois chez ses parents, la fugitive fit comme si de rien n'était. Elle éluda toutes les questions en répondant qu'elle était libre de s'absenter à sa guise.

Au même moment la sœur cadette, qui ranimait la flamme du feu, sentit un souffle morbide lui caresser la face ; elle vit son visage, ses charmants traits et tout son corps se déformer et se détruire. Prise de panique, elle hurla et toute la famille accourut. Hélas, personne ne put la secourir, car elle était devenue borgne, bossue, bancale et chauve et tous ses traits étaient à présent distordus. Elle se mit à pleurer de toute son âme...

Effarés, ses parents gémirent avec elle. Mais ni la famille, ni les amis et voisins qui avaient accouru ne comprirent qu'elle était victime d'un charme. Comment un tel malheur pouvait-il toucher un être aussi généreux ? La pauvre enfant, honteuse de son apparence, supplia son épouvantable sœur de la remplacer au bras de son futur époux.

— Je ne peux plus épouser un si bel homme, lui expliqua-t-elle, ce serait faire honte à ma famille et à mon promis.

La sœur aînée accepta la proposition ; elle fit même semblant d'avoir du chagrin et de se sacrifier pour sa cadette en contractant ce mariage. Comme l'homme n'avait pas encore vu sa fiancée, la substitution passerait inaperçue.

A l'approche du départ pour le pays du jeune étranger, la famille se résigna aussi, mais sans joie, à marier l'aînée à la place de la cadette. Dès lors, celle-ci fut de plus en plus arrogante, exigeant de tous les égards dus à son futur rang. Elle devint insupportable.

La veille du départ, le père organisa la cérémonie initiatique. Le droit revint à la cadette de diriger le cortège nuptial. Cela déplaisait beaucoup à la future épousée, qui ne pouvait supporter que la disgrâce de sa sœur enlaidisse sa suite. La haute opinion qu'elle avait d'elle-même ne pouvait tolérer que l'on sache que sa sœur était infirme. Mais que faire contre la tradition ? Elle se dit :

— Je la laisserai venir et la ferai disparaître en chemin. De toute façon, personne au pays de mon amour ne l'aura vue.

Aussi demanda-t-elle que l'on active les préparatifs de la noce. La pauvre cadette, obligée malgré elle de participer aux réjouissances, se résigna à agir au mieux, afin que le bonheur de sa sœur se réalise pleinement. Elle avait gardé, sous son affreuse apparence, tout ce qui avait fait son attrait du temps de sa beauté. Elle ignorait tout de la méchanceté et de la jalousie de sa sœur. Elle était même heureuse de son bonheur, ne se désolant que d'une chose : elle allait ternir l'éclat du cérémonial, lors du mariage de sa sœur chérie ; en effet, sa laideur l'écœurait plus pour sa famille que pour elle-même. Elle éprouvait un profond chagrin de s'imposer à la vue des autres. Et rien que pour cette raison, elle aurait voulu disparaître à jamais. Elle ignorait que là était le sort que lui réservait sa méchante sœur. Bien que déprimée à l'idée de présider à la cérémonie, elle accepta néanmoins, dans un ultime sacrifice, d'être la servante fidèle et dévouée.

Pendant que les serviteurs préparaient les bagages, l'aînée rendit une nouvelle visite à la sorcière, lui demandant de supprimer sa jeune sœur au cours du voyage.

— Il faut l'empêcher de participer aux réjouissances du mariage, supplia-t-elle. Elle est devenue si laide que j'en ai honte.

— Repars chez toi, et tu seras exaucée. Sur ton parcours, tu verras un fleuve dont la source est toute proche. Va en amont, tu y trouveras de rares et belles fleurs. Cueilles-en une bonne poignée que tu sèmeras dans l'eau courante. Ensuite, tu quitteras ces lieux sans jamais te retourner. Une fois chez toi, pars pour le pays de ton promis avec ta suite, sans t'inquiéter de ta cadette. Tu poursuivras ton chemin des jours durant et découvriras en aval du fleuve deux sortes de fleurs : les unes splendides et exhalant un arôme délicat, et les autres noires et flétries, dégageant une épouvantable odeur putride. Les belles fleurs seront pour ta sœur et les fanées seront pour toi. Ne l'oublie jamais ! Surtout retiens que c'est toi la lumière et elle le soleil. Les fleurs noires te sont destinées... Tu dois les prendre et les offrir à ton élu.

La jeune fille repartit chez elle, en passant par le fleuve pour accomplir les formules magiques. Les préparatifs achevés, la caravane se mit en marche, transportant à dos d'hommes les coffres de bijoux, d'étoffes moirées et d'encens de la jeune fiancée. Sous un ciel de bronze, les porteurs, les griots musiciens, les danseuses et les suivantes animaient la procession de leurs chants nuptiaux. Le cortège rencontra le lit du fleuve, et dès lors, la sœur aînée proposa à sa cadette :

— Va au fleuve que tu trouveras couvert de fleurs, les unes épanouies et les autres desséchées. Prends la plus ravissante et rapporte-la. Dès que tu auras désigné la tienne, je me ferai un plaisir d'aller chercher celle que j'offrirai à mon arrivée. Prends garde que nous n'ayons la même variété. Les plus belles seront pour toi.

La petite prit le chemin du fleuve. Elle marcha longtemps, prêtant l'oreille aux chants des oiseaux. Elle emprunta un sentier couvert d'herbe tendre et découvrit le fleuve. Là, elle aperçut sur la surface de l'eau une multitude de fleurs. Elle remarqua que la moitié était défraîchie, et l'autre composée de corolles merveilleuses et odorantes.

Sur le point d'en préférer une, elle se dit :

— Ma sœur est aussi belle que la plus belle de ces fleurs, aussi dois-je la lui laisser. Moi, je ne suis plus utile à personne, aussi vais-je en choisir une laide qui ira tout à fait avec mon visage. Ainsi, ma sœur sera-t-elle heureuse d'apporter un présent digne d'intérêt.

Disant cela, elle choisit une fleur fanée pour elle-même et la serra tendrement contre son corsage. Mais voici qu'en humant son épouvantable odeur, elle se métamorphosa en l'une des plus jolies fleurs qui soit.

Ne voyant personne revenir, la fille aînée s'en alla tout de même cueillir sa propre fleur. Une fois au bord de l'eau, elle chercha sa sœur en vain. Alors, avec un sourire de satisfaction, elle se dit :

— Puisque ma sœur a disparu, c'est que la sorcière

a fait son œuvre... Brave femme... Alors me voici délivrée de cette affreuse qui me gâchait la vue ! Dans ce cas, je prendrai la plus belle fleur pour faire honneur à mon époux. En effet, pourquoi me priverais-je d'un tel plaisir, pour suivre une recommandation désormais inutile !...

Elle se pencha sur l'onde pure, tendit la main vers l'eau claire et saisit délicatement par la tige la plus jolie des fleurs. Elle en inspira le parfum avec volupté et courut rejoindre ses serviteurs. Là, elle leur fit admirer sa trouvaille, les priant de toucher la belle fleur et de s'imprégner de ses effluves. Ils reprirent ensuite la route sans la sœur cadette dont personne ne se souciait plus, heureux d'en être débarrassés.

Après une journée de route, le cortège arriva aux portes de la ville. L'accueil de la population et du futur époux fut enthousiaste. Les gens du pays jetaient des pétales de roses sur la future mariée et des grains de riz en présage de bonheur.

Puis vint la présentation tant attendue des jeunes gens. Couvert de bijoux et d'étoffes splendides, l'homme était superbe et fier, de taille élancée et la peau couleur de miel. La jeune vierge s'avança vers lui et lui tendit alors la plus belle des fleurs... Subitement, celle-ci se métamorphosa en sa sœur cadette, radieuse et belle, telle qu'elle l'avait été avant son envoûtement. Hurlant de stupéfaction et de rage, la sœur aînée sentit soudain ses traits s'altérer, son corps se déformer. Sa vue s'abîma et elle comprit aussi qu'elle devenait borgne... Elle en perdit sur-le-champ la raison, parlant dans son délire de sorcellerie, d'envoûtement, de fumée.

Magnanime, l'homme épousa la fille cadette de

cette triste famille, si belle, si bonne, et consentit à entretenir dans un de ses palais la malheureuse sœur qui avait perdu la raison et plus, beaucoup plus...

L'étrange femme sacrée

Bien des années se sont écoulées depuis cette histoire...

C'est celle d'un ambitieux qui voulait trouver une épouse différente de toutes les autres : la sienne devait être sacrée. Il fit donc le tour du monde pour la découvrir, emportant avec lui d'énormes malles emplies de brocarts, de pagnes et de parfums destinés à séduire sa future élue.

A dire vrai, les femmes ne manquaient pas, mais il ne pouvait jamais s'assurer qu'elles étaient sacrées ; d'ailleurs, toujours l'un ou l'autre détail en elles lui paraissait ordinaire. En désespoir de cause, il rentra chez lui bien affligé de ne pas ramener celle qu'il désirait.

Alors qu'il traversait une région déserte, le vent commença à souffler, soulevant une telle tourmente de sable qu'on en était tout aveuglé. En un instant, la route fut recouverte ; les alentours disparurent dans une poussière noirâtre où tourbillonnaient, comme démentes, des centaines de feuilles mortes ; le ciel se confondit avec la terre.

Le jeune homme s'efforçait vainement de retrouver son chemin. Il avançait au hasard, écartant de ses mains la poussière épaisse. Les rafales ne se calmaient pas ; le ciel restait sombre. L'angoisse étreignait son cœur. Il peinait. Le désert n'en finissait pas ; aucun abri ne se présentait à lui. C'était terrible !

Il continua donc à marcher longtemps sous ce vent sablonneux qui hurlait de toutes parts. Mais enfin, au loin, se profila une masse plus sombre vers laquelle il se dirigea. Bientôt il discerna une petite maison isolée dont la cheminée fumait. Tout content, il résolut de solliciter une aide dans cette maisonnette apparemment habitée. Il alla donc frapper à la porte, et une vieille femme s'empressa de venir lui ouvrir. La poussière couvrait ses cheveux et ses vêtements. La dame secourable lui proposa immédiatement de prendre un bain. Ce qu'il fit aussitôt. Puis, on lui servit un copieux repas.

A peine s'était-il mis à manger que la porte de l'une des chambres, jusque-là fermée, s'ouvrit doucement... Une jeune fille apparut : elle était splendide. Mais autant elle était gracieuse, autant elle était étrange. Elle avait les cheveux noirs comme la nuit des temps ; la peau douce et veloutée comme un pétale de violette et les yeux brillants comme diamants au soleil. Le jeune étranger la trouva resplendissante dans ses vêtements brodés de perles fines, les cheveux voilés de soie couleur ciel. Le jeune homme frissonnait d'émotion et scrutait la belle. Plus intensément il la contemplait, plus fort son cœur battait.

— C'est ma fille, remarqua son hôtesse. Et de poursuivre : « Nous attendons la fin de la tempête pour retourner chez nous, là où nul humain ne peut venir. Une fois le calme revenu, nous vous quitterons donc. »

Déjà épris de la jeune fille, notre ami demanda aussitôt sa main.

— Puisque tu insistes, dit la mère, je t'accorderai ma fille pour la vie. Elle s'occupera si bien de toi que tu n'auras jamais besoin de rien. Mais en aucun cas tu ne dois la faire travailler de ses mains. L'étoile filante ne brille qu'une fois. Ma fille, elle, ne peut donner qu'une fois son amour à un mortel. Si tu veux respecter cette recommandation, je consens à te confier mon enfant.

— Je la respecterai ! s'exclama-t-il d'une voix ferme, en pensant au bonheur qu'il allait connaître avec une si ravissante compagne.

— Mais souviens-toi, répéta la mère, que le jour où elle se livrera à un quelconque travail manuel, son cœur se dispersera, et elle ne sera plus qu'un peu de sable sur cette terre immense. Jamais tu ne pourras la retrouver !

Le prétendant promit tout ce qu'elle voulut. Il était si joyeux d'avoir enfin son épouse ! Ainsi, pendant des années, l'exceptionnelle jeune femme pensa à tout et son conjoint ne manqua jamais de rien. Bien plus, tous ses caprices étaient satisfaits. Grâce à elle, il devint un homme riche et comblé.

Mais les choses ne restent jamais comme elles sont. Un beau jour, le couple s'en alla faire un séjour chez les parents du mari. Et là, la situation se dégrada. La belle-famille n'apprécia guère de voir la jeune femme passer des journées à ne rien faire. Aussi la détesta-t-elle très vite. Plaintes, critiques et railleries allaient bon train dans le village, et les méchantes langues n'hésitaient pas à clamer tout haut que le jeune homme était bien idiot de garder une épouse qui ne servait à rien et dont l'unique plaisir consistait à préserver sa beauté.

Or un jour, sa belle-sœur aînée exigea d'elle de faire la vaisselle ; la pauvre incomprise la supplia de ne pas insister, mais celle-ci, excédée, se mit à l'insulter :

— Paresseuse, tu n'es bonne qu'à te faire entretenir. Tu n'es même pas capable de laver une assiette. C'est à se demander à quoi une gourde comme toi peut bien servir !

Vivement blessée, la malheureuse se mit à pleurer. Son chagrin était réel et profond car elle savait que le jour où elle abdiquerait devant les revendications de tous ces ignorants, elle quitterait à jamais son époux adoré. Elle savait pourtant qu'elle n'avait rien à se reprocher : dans le secret et la modestie, elle lui avait apporté félicité et opulence. Aussi regrettait-elle de voir cette belle-famille, à laquelle elle avait procuré la plus grosse fortune du pays, la maltraiter ainsi. Et, pour la première fois, elle eut le pressentiment de sa disparition prochaine. Désespérée, elle pria son compagnon de mettre fin à tout malentendu, mais celui-ci, très influencé par les siens, se récusa. Plus grave encore, il prit leur parti, curieusement oublieux de sa promesse de jadis. Dès lors, elle sut qu'elle quitterait bientôt et pour toujours le bonheur terrestre de sa paisible existence d'épouse...

Elle souffrait surtout de constater que celui à qui elle s'était vouée ne croyait plus en elle ni en son serment...

Le soir arriva. La pensée qu'il était le dernier de sa merveilleuse vie conjugale lui serrait le cœur. Elle se sentait à peine vivante et disait secrètement adieu à toutes les personnes, à tous les objets qui l'entouraient. La mort dans l'âme, elle s'attabla pour le repas du soir ; son cœur se mit à battre plus fort quand, d'une voix tremblante, elle déclara qu'elle n'avait pas faim. Elle prit congé de ses beaux-parents et faillit pleurer devant leurs visages si sévères. Arrivée dans sa chambre, elle se laissa tomber sur son lit et fondit en larmes.

Au-dehors, la bise sifflait de tristes présages. Bientôt le silence se fit dans la maison et tout le monde s'endormit, sauf la belle épousée qui respirait une dernière fois les parfums de la nature sous le ciel étoilé. Une nuit éternelle, une nuit sans rêve et sans espérance.

Le lendemain matin, les provocations reprirent, de plus en plus acerbes. La belle-mère, qui passait des grains de maïs dans le tamis pour les dépoussiérer, avait appelé tour à tour ses filles pour l'aider à les piler ; mais elles avaient refusé, proclamant que le travail devait être accompli par leur paresseuse belle-sœur.

Son mari étant absent, la dame hésita ; mais puisque les moqueries et la discorde n'en finiraient plus, elle se résigna :

— Chère maman, puisque à cause de moi tes filles ne veulent désormais plus t'aider dans le ménage, donne-moi ces maïs, que je les pile.

La belle-mère lui confia les céréales et lui indiqua l'endroit où se trouvaient cachés le mortier et le pilon. La jeune femme se mit à l'œuvre. Elle écrasait les maïs dans le mortier au rythme de son souffle, soupirant à chaque coup. Bien vite une sueur brûlante ruissela sur son visage et ses mains gracieuses se couvrirent de perles de sang. Et voici que pendant qu'elle broyait les grains, elle entonna une bien étrange mélodie :

> « Je suis de la lignée sacrée ;
> Je suis du sang des déesses,
> Qui par l'union terrestre sont damnées.
> Mes mains sont des fleurs douces et graciles
> Qu'on caresse d'amour et de tendresse ;
> Mais qui fanent aux tâches serviles...
> Mon âme meurt, victime de ma souffrance.
> Que vienne le destin cruel accomplir
> ma délivrance !... »

Sa belle voix était si mélancolique que la terre en trembla et que le soleil s'éteignit derrière l'horizon. L'éclipse plongea subitement le monde entier dans une obscurité terrifiante. Cette fois, les gens du village eurent vraiment peur et se réfugièrent chez eux aussi vite que possible. On n'entendait plus pépier les oiseaux ; seule la complainte amère de l'immortelle vibrait à travers le ciel. Quand elle pleura, l'orage tonna et ses larmes abondantes creusèrent les sillons où coulent nos rivières aujourd'hui.

Elle interrompit un instant son chant sacré ; son corps avait déjà pénétré dans le sol jusqu'à la taille et se changeait en poussière. Ce refrain mystérieux lui rappelait celui pour qui elle avait quitté sa famille et son univers, sacrifié son rang et subi des tourments inouïs. Alors, elle reprit inexorablement sa triste mélopée :

> Je suis de la lignée sacrée ;
> J'appartiens à la famille des déesses,
> Dont le sang sèche d'être mal-aimées ;
> Mes mains sont des fleurs douces et fragiles
> Que détruisent les actes de rudesse
> Et qui fanent d'un amour malhabile...
> Mon âme meurt, victime de ma souffrance
> Que vienne le destin cruel accomplir
> ma délivrance !...

Cette fois, la terre l'avait engloutie jusqu'au cou. Sa chair d'ébène, fine et diaphane, se transformait en tristes mottes noirâtres au fur et à mesure qu'elle s'enfonçait. Juste comme l'époux revenait, elle entamait la chanson pour la troisième fois.

Mais quand il accourut sur le lieu du drame, l'incantation était terminée et il ne restait plus de sa belle épouse qu'un léger monticule. Comme une étoile filante, elle ne pouvait briller qu'une fois. Aussi se dispersa-t-elle en sable fin... A ce moment, le soleil émergea des nuées ; ses rayons ardents et colorés câlinaient le sol rouge, confondant dans ses grains épais les restes éparpillés de la belle disparue. Le mari pleura et pleura encore d'avoir ainsi perdu sa femme, mais en vain...

L'infortunée avait disparu à jamais.

Mais demain, regardez bien les ondes les plus cristallines de nos ruisseaux et rivières ; celles que le soleil amoureux fait chatoyer comme à regret... Celles-là sont encore les larmes de toutes les déesses que l'amour a déçues...

TABLES DES MATIÈRES

Achevé d'imprimer par Corlet, Imprimeur, S.A.
14110 Condé-sur-Noireau (France)
N° d'Imprimeur : 12289 - Premier dépôt : juin 1988
Dépôt légal : septembre 1995
Imprimé en C.E.E.